친밀함
Intimacy

헨리 나우웬 지음 · 윤종석 옮김

두란노

Intimacy

Copyright © 1969 by Henri J. M. Nouwen
Originally published by HarperCollins Publishers
10 East 53rd Street. New York, NY 10022, U.S.A.
All rights reserved.

This Korean Edition Copyright © 2001, 2011 by Duranno Press
95 Seobinggo-dong, Yongsan-gu, Seoul, Korea

This Korean edition is published by arrangement with HarperOne, an imprint of HarperCollins Publishers through Eric Yang Agency, Seoul.

본 저작물의 한국어판 저작권은 Eric Yang Agency를 통해 HarperCollins Publishers와 독점계약한 두란노서원에 있습니다.
신 저작권법에 의하여 한국 내에서 보호받는 저작물이므로 무단전재와 무단복제를 금합니다.

친밀함

친밀함

지은이 | 헨리 나우웬
옮긴이 | 윤종석
초판 발행 | 2001. 7. 6
29쇄 발행 | 2020. 7. 10.

등록번호 | 제3-203호
등록된 곳 | 서울시 용산구 서빙고동 95번지
발행처 | 사단법인 두란노서원
영업부 | 2078-3333 FAX | 080-749-3705
출판부 | 2078-3444

▎책값은 뒤표지에 있습니다.
ISBN 978-89-531-1546-0 03230

▎독자의 의견을 기다립니다.
tpress@duranno.com http://www.duranno.com

두란노서원은 바울 사도가 3차 전도 여행 때 에베소에서 성령 받은 제자들을 따로 세워 하나님의 말씀으로 양육하던 장소입니다. 사도행전 19장 8-20절의 정신에 따라 첫째 목회자를 돕는 사역과 평신도를 훈련시키는 사역, 둘째 세계선교(TIM)와 문서선교(단행본·잡지) 사역, 셋째 예수문화 및 경배와 찬양 사역, 그리고 가정·상담 사역 등을 감당하고 있습니다. 1980년 12월 22일에 창립된 두란노서원은 주님 오실 때까지 이 사역들을 계속할 것입니다.

존 유즈 (John Eudes)에게

친밀함 CONTENTS

감사의 말 9   머리말 11

| 정황 | 1. 마술에서 믿음으로 | 14 |

| 친밀함과 성 | 2. 사랑의 도전 | 32 |

| 친밀함과 기도 | 3. 학생들의 기도: 혼돈과 희망 사이 | 50 |
| | 4. 캠퍼스 오순절 운동 | 74 |

| 친밀함과 공동체 | 5. 신학교 안의 우울증 | 90 |

| 친밀함과 사역 | 6. 사역자와 정신 건강 | 118 |
| | 7. 캠퍼스 사역을 위한 훈련 | 135 |

맺음말 160   주 162

감사의 말

이 책은 노트르담 대학교(University of Notre Dame)에서 객원 교수 생활을 했던 2년 동안의 산물이다. 나는 많은 학생들과 교수들의 우정에 힘입어 손님이라는 기분을 금세 떨치고, 빠르게 발전하는 이 대학의 생동감 있는 생활에 온전히 동화될 수 있었다. 이 학교는 현대 사회의 감정과 사고, 행동의 숱한 격변을 대변해 줄 뿐 아니라 자극도 하는 곳이다.

많은 학생들의 자극과 지원이 없었다면 나는 결코 이 책을 쓰지 못했을 것이다. 프랭크 얼맨, 레이 노바코, 드와이트 노우드, 밥 브래들리, 조우 에이헌, 마이크 매카티, 그렉 밀모우, 조셉 위싱크에게 특별히 고마움을 전한다. 이들의 정직한 반응과 비평과 교정은 생각하고 또 생각하고, 쓰고 또 쓰는 데 많은 도움을 주었다.

사역에 관한 장들을 준비할 때는 노트르담 대학교 성 십자회(Holy Cross) 사제들과 나눈 생생한 토론이 큰 도움을 주었다. 특히 루이스 퍼츠, 조우 호프만, 조우 시몬즈, 데이비드 버렐, 존 거버, 랠프 던, 짐

버첼, 존 던, 클라우드 포멀로, 돈 맥네일에게 감사를 표한다. 이들은 따뜻한 애정으로 나를 자신들의 삶과 공동체의 일원으로 맞아 주었고 여러 방법으로 캠퍼스 사역자의 다양한 고충에 눈뜨게 해주었다.

내 안에 있던 외국인으로서 갖는 망설임을 버리게 해주고 집필하도록 격려해 준 많은 교수 부부들에게도 깊은 감사를 표하고 싶다. 존과 매리 앨리스 산토스, 돈과 크리스틴 코스텔로, 존과 마사 버코우스키, 찰스와 캐럴 앨런과의 우정을 통해 얻은 많은 통찰이 이 책에 담겨 있다.

원고를 신중하게 다듬어 준 조우 콜린스에게 많은 빚을 졌다.

끝으로, 비서 일을 맡아 준 린다 파파스와 M. J. 반더 미어 여사에게 감사 드린다.

이 책을 수사이자 정신과 의사이며, 복잡한 내면생활의 탁월한 길잡이인 존 유즈 뱀버거에게 바친다.

머리말

이 책의 내용은 강의, 상담, 토의, 대화, 파티, 축제 등 출처가 다양하며, 대부분은 단순히 여기저기서 모은 것이다. 각 장은 학생, 교수, 사역자, 신앙의 형제 자매 등 누군가 던진 질문을 계기로 쓰여졌다. 매번 다른 기회에 다른 질문을 염두에 두며 다른 이들에게 쓴 글이다. 문제를 해결하거나 이론을 정립하려고 쓴 것이 아니라, 이 혼돈의 세상에서 자신의 소명을 찾아 고민하는 이들에 대한 반응으로 이 책을 썼다.

내가 접했던 다양한 질문과 관심사를 되돌아보면, 한 책에 함께 담아도 무리가 없을 정도로 그 많은 주제들 속에서 하나의 통일성을 볼 수 있다. 첫째, 사역자의 관점이라는 통일성이다. 언어와 접근이 심리학적인 것으로 보일 수도 있으나 근본은 어디까지나 인간을 향한 하나님의 사역에 비추어 현상을 이해하려고 하는 사역자의 관점이다. 둘째, 주제의 통일성이다. 많은 관심사의 기저에 깔린 하나의 중심 질문이 점차 분명하게 보였다. "하나님과 맺는 관계와 동료 인간과 맺는 관계에서 어떻게 창의적이고 만족스런 친밀함을 찾을 수 있을까?" 인간은 어떻게 타인과 풍요로운 친밀함을 이룰 수 있을까? 사역자의 삶이나 신앙 공동체에서 친밀함이란 무슨 뜻일까? 예배나 기도를 통해 우리는 어떻게 하나님과 친해질 수 있을까?

청년들이 주를 이루는 대학 환경에서 이런 질문들이 많이 제기되는 것은 당연하다. 에릭 에릭슨(Erik Erikson)은 사춘기를 막 통과한 뒤 지속적이고 생산적인 관계를 맺으려는 이들에게 가장 중요한 심리적 과제는 친밀감과 거리감의 세심한 균형이라고 강조했다. 그러나 오늘날, 친밀함에 대한 고민은 더 이상 특정 연령층에 국한되지 않는다. 경쟁이 치열하고 힘겨운 이 세상 한복판에서, 모든 연령대의 사람들이 친밀함에 대한 뿌리 깊은 열망을 괴로울 정도로 인식하고 있다. 이 열망은 데이트하는 학생들 못지않게 기혼자, 사역자, 독신 생활에 헌신한 신앙인도 똑같이 느끼는 것이다.

그러므로 이 책을 내면생활에 관한 것으로 보아도 좋다. 물가, 실업, 범죄, 기아, 가난, 핵전쟁의 위협 등 우리 일상생활에서 현실의 일부가 된 초미의 문제를 다루지는 않았다. 그러나 이 모든 문제에 어느 정도 스며들어 있는 문제, 즉 이 세상의 참된 고향에 대한 사람들의 열망을 다루려 했다. 이는 명확히 표현된 일도 드물고 흔히 인식조차 되지 않는 문제다. 그런 이유로 나는 이 책을 친밀함에 관한 책이라 부르고 싶다.

The context
정황

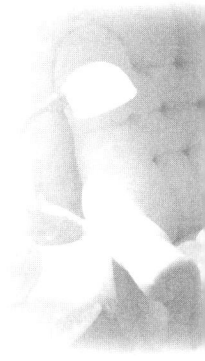

1
From magic to faith
마술에서 믿음으로

심리학적 관점에서 본 종교적 성장

우리는 해마다 크고 작은 많은 사건을 접하며 살아간다. 그리고 특별히 관심을 기울이지 않는 한 대개 아무 의문도 일으키지 않고 지나치는 문제들이 있다.

낙하산 부대 출신인 리지웨이(Ridgway) 선장은 친구와 함께 미국 케이프코드(Cape Cod)에서 아일랜드까지 노를 저어 대서양을 건넜다. 거대한 바다와 자연의 신기한 힘에 압도당한 그는, 케이프코드 사람들한테 받은 메달이 자신을 지켜 주고 해야 할 기도까지 가르쳐 주었다고 생각했다.

학기말에 꽉 찬 대학 예배당을 나서면서 한 교수가 다른 교수에게 웃으며 말했다. "기말 고사야말로 인간이 본래 종교적 존재라는 사실을 가장 잘 보여 주는 증거로군요."

어린 조니가 말한다. "아빠, 아빠는 케네디 대통령을 다시 살아나게 할 수 없어. 하지만 하나님은 할 수 있어, 그렇지? 하나님은 뭐든지 다 할 수 있으니까!" 이런 말을 들으면 '귀엽군' 하는 생각이 든다.

현대 과학의 상징인 우주 비행사가 십자가를 품고 우주 궤도를 탄다는 기사를 읽고서는, 그것을 어떻게 생각해야 할지 얼른 갈피가 잡히지 않는다.

하나님을 힘과 복의 근원으로 삼는 신앙심 깊은 가정에서 자란 학생이 찾아와서는, 지나온 성장 과정이 모두 무의미하게 보일 정도로 깊고 근본적인 질문을 갑자기 던진다.

젊은이들이 좋은 직장과 편안한 집, 때로는 가족까지 등진 채 알지도 못하는 이들과 함께 살려고 세상에서 가장 열악한 곳으로 떠난다는 기사도 읽는다.

이 모든 것은 무엇인가? 마술인가, 믿음인가? 미신인가, 아니면 궁극적 실체와의 만남인가? 피해야 할 일인가, 동경해야 할 일인가? 이런 의문을 밝히기 위해 지금부터 인간의 생애를, 어머니의 안전한 태중에 있을 때부터 이생과 내생의 의미를 당당히 찾아 나서는 성인기까지, 각 단계별로 살펴보자. 이것은 '마술에서 믿음으로' 옮겨 가는 과정이라 할 수 있으며, 모든 인간이 겪는 과정이므로 한 번쯤 객관적으로 거리를 두고 살펴볼 가치가 있다.

우리는 인생의 각 단계마다 성숙한 종교 의식(意識)의 구성 요소가 되는 한 가지 특정 발달 측면을 강조할 것이다.

유아기(출생-만 5세)

인간은 인생의 처음 5년 동안, 크게 세 단계를 거쳐서 태어날 당시의 마술적 세계에서 벗어난다.

1. 태어나서 처음 18개월 동안 우리는 자신이 세상의 중심이 아니라는 가슴 아픈 사실을 깨닫게 된다.

내 바깥에는 내가 없어도 여전히 존재할 사람들과 사물들이 있다. 이는 누구나 인정하는 사실이지만 생각처럼 그리 당연한 일은 아니다. 우리는 기나긴 좌절을 경험한 후에야 비로소 객관적 세계를 발견할 수 있다. 모태에 있던 태아 시절에는 모든 것이 나를 위해 존재하며 어머니는 나의 한 부분이다. 내가 울어도 우유가 생기지 않고 내가 웃어도 어머니가 오지 않으며 나의 필요가 저절로 채워지지 않는다는 것을 점차 깨닫는 일은 적잖이 고통스런 경험일 수 있다. 이렇게 서서히 우리는 어머니를 나의 일부분이 아닌 타인으로 인식하게 된다. 내 감정과 사고와 행동으로 세상을 움직이는 것이 아님을 경험할 때마다, 우리는 자율성을 지닌 다른 사람들과 사물들, 사건들이 있음을 깨달을 수밖에 없다.

이렇듯 마술적 세상에서 벗어나는 첫 단계는 객관적 실체를 발견하는 것이다. 이러한 객관성에 도달하는 일은 부분적으로만 이루어질 수도 있다. 인간은 서서히 성장해서 독립을 이루며, 호기심의 대상인 주변 세상을 객관적으로 지적할 수 있게 된다.

그러나 종교적 차원에서는 그 일이 그렇게 쉽지 않다. 성공한 성인들이 여전히 하나님을 자신의 일부로 생각하는 경우가 비일비재하다. 하나님은 아플 때나 충격에 싸였을 때나 기말 고사 때, 즉 불안을 느끼는 모든 상황에서 쉽게 붙잡을 수 있는 하수인에 지나지 않는다. 그래도 효과가 없다면, 더 크게 울 수밖에 없다. 우리의 존재에 구속받지 않는 타자(他者)이신 하나님이 겨우 내 행복을 지켜 주는 부적 신세를 벗어나지 못하는 것이다. 안팎의 폭풍으로 인한 커다란 불안이 때로 우리를 이런 차원의 종교로 퇴행하게 할 수 있다.

이러한 퇴행은 리지웨이 선장의 경우처럼 인간의 목숨을 구해 줄 수도 있다. 우리가 뭔가 붙잡을 수 있는 것, 자신을 지켜 줄 메달이나 촛불 따위를 찾도록 한다. 이것은 꽤 유익한 형태의 종교일 수는 있지만 성숙한 형태의 종교는 확실히 아니다.

2. 마술적 세계에서 벗어나는 둘째 단계는 언어를 습득하는 것이다. 인간은 생후 18개월에서 만 3세 사이에 첫 옹알이를 하며, 그것이 점차 발전하여 단어가 되고 문장이 되고 언어가 된다. 비록 주변에 내게 속하지 않은 것들이 있어 좌절을 느끼지만, 이제 말을 통해 복수할 수 있다. 처음 배우는 말이 우리에게 사물에 대한 신기한 힘을 부여해 주기 때문이다.

불어를 배운 지 얼마 안된 사람이 'garçon'이라는 불어 단어를 말하자 정말 '웨이터'가 식탁으로 오는 것을 보고 흥분하는 것처럼, 아이가 경험하는 것은 단어에 대한 지배력이 아니라 사물에 대한 지배력이다. 인간이 단어와 사물을 분리하여 언어에 그 본연의 상징적 기능을 부여하는 데는 상당한 시간이 걸린다.

마술적 단어는 인간에게 사물에 대해서는 물론 자신의 본능적 충동에 대해서도 통제력을 갖게 한다. 말을 모를 때는 아빠 꽃밭에 있는 꽃을 꺾고 싶은 유혹을 물리칠 줄도 몰랐다. 그러나 '꽃'이라는 말을 알기에 이제는 꽃을 움켜잡는 대신 뒷짐진 채 이렇게 말할 수 있다.

"예쁜 꽃이다. 그래도 만지면 안되지."[1)]
종교도 언어로 가득 차 있다. 긴 기도문, 감탄의 표현, 자주 암송하는 문구 등은 많은 종교에서 매우 중요한 역할을 차지한다. 여기서 우리의 관심은, 이런 언어 사용이 종종 마술적 단계를 벗어나지 못한다는 데 있다. 언어가 동료 인간에게 전달할 수 있는 깊은 실체에 대한 자유롭고 창의적인 표현이 되는 대신, 실체의 대용품이 되어 버릴 수도 있다. 자기가 만들어 낸 변덕스런 신들이나 귀신들, 혹은 자기 충동에 대한 미묘한 통제 방편이 되는 셈이다.

날마다 기도하거나, 적어도 잠자리에 들기 전 짤막한 기도문을 외우는 습관을 지켜야 구원받는다고 생각한다면 아직도 우리 안에 마술적 언어가 남아 있는 것이 아닐까? 언어의 마술을 극복하기란 어려운 것 같다. 우리는 의무를 다하고, 식사하기 전에 기도하고, 성경 말씀을 암송하면 기분이 좋아진다. 꼭 이렇게 말하는 것 같다.

"이제 하나님도 어쩌실 수 없겠지. 하라는 대로 했으니 이제 갚아 주실 차례잖아."

기도가 진정한 대화의 통로가 아니라 하나님을 지배하는 방편이 되는 것이다.

3. 마술적 세계에서 벗어나는 셋째 단계는 양심의 형성이다. 이것은 만 4세에서 5세 사이에 일어나는 중대한 사건이다. 내가 없어도 바깥 세상이 여전히 존재한다는 것을 깨닫고, 또한 언어가 주변 세계를 조종하는 만능 도구가 아님을 알게 된 우리는 이제 그보다 훨씬 중요한 단계를 눈앞에 두고 있다. '아빠에게서 자신에게로 옮겨 가는 단계'이다. "말썽꾸러기 여동생을 때리지 말아야지. 하지만 아빠가 싫어해서가 아냐. 내가 그렇게 하기 싫어서야. 때리는 건 나쁘니

까." 아빠, 엄마, 어른 등 외부의 훈련 주체가 서서히 내면의 가치 기준으로 전환된다.

양심이란 내면화 과정을 통해 이루어진다. 이제 인간에게는 타인이 가진 성품의 특정 측면을 내면화하여 자신의 일부로 삼는 능력이 생긴다. 도덕성 발달의 경우, 사랑하는 이들의 판단과 기준과 가치를 취하여 자신의 성품에 통합한다.

그러나 현실이 언제나 그런 것만은 아니다. 유아기 동안 우리는 아빠를 무슨 일이든 다할 수 있고, 무슨 문제든 다 풀 수 있고, 아무리 무거운 것도 다 들 수 있는, 전능한 존재로 느낀다. 우리의 환상 속에서 아빠는 세상의 최강자다. 아빠는 마음만 먹으면 집도 짓고 책도 쓰고 자전거도 만들고 나에게 무엇이든 줄 수 있다. 그러다가 머잖아 우리는 실망하게 된다. 알고 보니 아빠도 평범한 사람인 것이다. 더는 아빠를 의지할 수 없다. 이 문제를 어떻게 해결할 것인가?

내면화로 모든 문제가 다 풀리는 것은 아니다. 우리에게 사랑과 은신처와 보호를 베푸는 전능한 아버지에 대한 필요는 매우 절박한 것일 수 있다. 인간은 안심하고 품에 안길 수 있는 마술적 아버지 없이는 살아갈 수 없다. 우리에게는 그 존재가 절대적으로 필요하며, 그리하여 그 존재는 '하나님'이라는 다른 이름으로 우리 안에 남는다. 아빠는 케네디 대통령을 살려 낼 수 없어도 하나님은 할 수 있다고 생각하는 것이다.

지그문트 프로이트(Sigmund Freud)는 자신의 책 「환각의 미래 (*Future of an Illusion*)」에서 종교란 유아기 생활의 연장이요, 하나님은 은신처에 대한 영원한 갈망의 투사(投射)라고 하여 종교인들의 심기를 불편하게 했다.

프로이트의 과제는 사람들을 치유하는 것, 즉 사람들을 좀더 성숙시키는 것이었다. 그는 비엔나에 있는 자기 사무실에서, 종교로 구원을 받기보다는 오히려 그 때문에 고생하고 있는 많은 이들을 접하며 그들의 투사의 탈을 벗겨 주려 했다. 정신과 의사 륌케(Rümke)는 프로이트의 입장을 이렇게 요약했다.

"온전히 성숙한 인간은 자신의 신(神) 이미지(대개 아버지로서의 신 이미지)가 한때 자신이 사랑하고 무서워하던 유아기 때의 육신의 아버지의 화신(化身)임을 깨닫게 된다. 신이란 분명 투사(投射)에 지나지 않는다. 성장을 저해하는 이 투사를 벗으면 신 이미지도 자취를 감춘다. 비로소 인간은 자기 기준으로 선악을 분별한다. 신경증의 잔여 부분을 정복한 것이다. 종교란 사실 신경증에 지나지 않는다."[2]

여기서 중요한 것은 프로이트의 말이 전적으로 틀린 것은 아니라는 점이다. 실은 우리도 이 마술적이고 유아적인 세계에 머물 때가 많다. 하나님은 만화 「피너츠(Peanuts)」에 나오는 라이너스의 담요처럼 그저 위안의 도구일 뿐이다. 많은 이들에게 종교란 프로이트가 말한 정도의 수준을 벗어나지 못한다. 우리의 종교 체험은 다분히 유아기의 이미지에 싸여 있어, 어디서 유아적 상태가 끝나고 어디서 종교가 시작되는지 구분이 안 될 때가 많다.

여기서 한 가지 중요한 질문을 던지는 것이 좋을 것 같다. 하나님이라는 개념은 이상적 아버지 상에 대한 유아적 연장인가, 아니면 부모-자녀 개념이 더 깊고 근본적인 하나님과 맺은 관계의 산물인가? 독일인 정신과 의사 빈스방거(Binswanger)는 프로이트 기본 비평에서 프로이트와 정반대 입장을 보여 준다. 하나님은 아이가 아빠와 맺었던 관계의 연장이 아니라, 오히려 창조주와 맺은 가장 근본적 관계 개념이 구체화된 것이 아빠에 대한 아이의 의식이라고 설명하는 것이다. 다시 말해, 하나님이 먼저 우리를 사랑하시지 않았다면 우리

는 육신의 아버지를 사랑할 수 없었다. 그러나 여기서 우리는 심리학
분야를 벗어나고 말았다.[3]

일면 우리는 프로이트의 말에 수긍해야 한다. 하나님이 고작 양심
의 대용품이요 합리적 지성과 성숙한 자아와 자율적 개인의 발달을
방해하는 존재인 한, 차라리 신경증이라는 질병의 하나님을 내던지
는 것이야말로 건강과 성장의 증거인 셈이다. 그럴 용기를 지닌 사람
이 거의 없다는 사실이 더 슬픈 일이다.

건강한 발달이란 마술적 세계에서 점진적으로 벗어나는 것을 말
한다. 다른 영역들에서는 발달하면서도 종교 면에서는 이 미성숙한
차원에 머무르기 쉽다. 그런 경우에 하나님은 우리의 존재에 의존하
여 존재하는 마술적 위안자 신세를 벗어나지 못하신다. 기도는 하나
님을 우리 뜻대로 조종하는 도구이며, 종교는 반쯤 잠들어 삶의 고뇌
를 외면하는 크고 안락한 침대에 불과하게 된다. 1) 하나님이 타자
(他者)가 아니고 2) 기도가 대화가 아니며 3) 종교가 창의적 자율성
의 원천이 아닌 한, 우리의 종교 의식은 결코 성숙에 이를 수 없다.

유년기(만 5-12세)

만 다섯 살쯤 되면 우리는 학교에 들어간다. 가정이라는 작은 단
위 안에서는 중요한 행동 유형이 대부분 정해져 있었다. 여태껏 신
뢰, 행복, 두려움, 우애, 기쁨, 실망에 대한 첫 경험과 그런 경험들에
대한 첫 반응은 부모와 함께 살아온 가정에서 이루어졌다. 그러다가
이제 새로운 세계에 들어선다. 우리는 학교에서 제각기 부모와 가정
이 있는 다른 남녀 아이들을 만난다. 그리고는 집에서 배웠던 것들이
그 속에서도 정말 통하는지 확인한다.

초등학교 시절은 여러 가지 면에서 인간의 주요 행동 유형이 강화, 수정, 확장, 붕괴되는 시기요, 첫 5년 동안 지내던 곳보다 훨씬 넓은 사회에서 성공과 실패를 경험하는 시기다.

우리 사회에서 종교란 대체로 개인적인 일이다. 산수와 역사를 배우고, 내 세계의 주인이 되어 많은 일들을 자력으로 하는 법을 익히면서, 종교는 그야말로 성경 읽을 때나 주일에 걸맞을 뿐 새로 배우는 세상—이생과 내생 모두—과는 하등 무관한 별도의 실체로 유리될 가능성이 크다. 올포트(Allport)에 따르면, 성숙이란 성장하는 지능과 관련 경험을 받아들이는 것이 서로 보조를 맞추려는 갈망(발달 정지를 참고 견디려는 갈망이 아니라)으로 활성화될 때만 일어날 수 있다.

"종교 의식에 관한 한 많은 이들의 내면에 이런 갈망이 없다. 유년기 종교에 위안의 효력이 있음을 알고 또 외부의 압력이 없어지면서 본질상 그 수준에 고착되는 것이다."[4]

성숙한 종교는 본질상 통합적이다. 자체 준거의 틀 안에 새로운 지식을 모두 통합하여 인간 지성의 새로운 모든 발견과 조화를 이룰 만큼 유연성이 있다는 뜻이다. 정말 성숙한 종교는 우주선에 십자가를 싣는다. 학교에 등교한다는 것은 과학의 여정에 오른다는 뜻이다. 종교에 개방적이고 비판적인 시각이 병행되지 않는다면 초음속 제트기를 타고 대양 상공을 나는 성인도 종교적으로는 여전히 세발자전거에 만족할 수 있다. 기어를 변속하려는, 즉 새로운 통찰을 통합하여 현재의 입장을 수정하려는 끊임없는 의지야말로 성숙한 종교가 갖는 필수 요소이다.

사춘기(만 12-18세)

사춘기를 맞아 인간은 새롭고 중요한 발달 단계에 들어선다. 갑자기 극적인 변화를 겪는 이들도 있고, 언제 시작됐는지 모르게 서서히 새로운 실체에 들어서는 이들도 있다.

갑작스럽든 점진적이든, 우리는 외부의 삶만 아주 복잡한 것이 아니라 자신 내부의 삶도 그에 못지 않게 아니 그 이상으로 복잡하다는 것을 발견한다. 지금까지는 주변에서 벌어지는 모든 일에 호기심이 많았고, 보고 듣는 모든 새로운 것에 마음이 들떴으나 이제는 자기 내면에서 깊고 낯설고 산만한 감정들을 만나게 된다. 알지 못하는 새롭고 어두운 충동들이 자신을 몰아가는 것만 같다. 의미조차 모를 정도로 강렬한 환희와 행복감에 도취되기도 한다. 그런가 하면 죽고 싶고, 죽이고 싶고, 해치고 싶고, 부수고 싶은 욕망의 피해자가 되기도 한다. 사랑과 미움, 부둥켜안고 싶은 마음과 죽이고 싶은 마음, 주고 싶은 마음과 취하고 싶은 마음 등 양극으로 상충되는 감정이나 개념으로 갈피를 잡지 못할 때도 있다.

이 시기는 종교적 발달의 중대 고비 중 하나이다. 질문은 이것이다. "나는 내면의 갈등을 수용하고 이해할 수 있는가? 분명한 이해를 통해 그 갈등을 종교 의식이 성숙하는 기회로 삼을 수 있는가?"

많은 이들이 여기서 실패한다. 종교를 그저 깨끗함, 순결함, 완전한 삶 같은 것으로 치부하고 마는 경우가 비일비재하다. 흰 천에 까만 얼룩을 묻히는 듯한 감정은 모조리 반종교적으로 보인다. 그렇게 되면 강렬한 성 충동과 잔인한 공상과 공격적 욕망을 자신에게 허용할 수 없다. 종교는 "안된다!"고 말한다. 욕하지 말라, 훔치지 말라, 죽이지 말라, 자위하지 말라, 험담하지 말라, 하지 말라, 하지 말라,

하지 말라…. 이제 예쁘고 착하고 말 잘 듣는 아이가 되라는 학교 선생님에게도 반감이 든다. 자기 자신이 아주 독특하면서도 한없이 외로운 존재로 느껴진다. 이 낯선 감정의 내면세계를 아무도 진정으로 이해해 주지 못하는 것 같다.

많은 이들이 지금도 기억할 것이다. 그때 우리는 얼마나 절실하게 이해받고 싶었던가. 자신을 표현하기가 얼마나 어려웠던가. 정말 가까운 이를 찾기가 얼마나 힘들었던가. 수치심과 죄책감 때문에 극도의 외로움에 빠진 적도 많았다. 자신이 위선자 같고, 진정한 내 기분을 안다면 아무도 나를 사랑하지 않을 것만 같았다.

이 시기에 인간은 종교에 대해 크게 세 가지로 반응한다. 첫째, 종교란 너무 부담스럽고 억압적이며 인간의 모든 경험과 동떨어져 있을 뿐 아니라 너무 권위적이고 부정적이라고 느낄 수 있다. 따라서 갈등 해결의 유일한 길은 종교를 버리는 것이라고 생각한다. 강단에서 소리치는 설교자에게 염증을 느끼는 이들도 있고, 자신의 복잡한 감정을 교회가 전혀 몰라준다고 생각하는 이들도 있고, 교회 다니는 사람들의 뻔한 위선을 더는 견디지 못하는 이들도 있다. 그래서 많은 이들이 종교를 떠난다. 어떤 이들은 서서히 등지고 어떤 이들은 대놓고 저항한다.

그러나 또 다른 반응이 있는데 이거야말로 더욱 해롭다고 할 수 있다. 바로 인간의 이면, 즉 어두운 욕망과 흉한 그림자를 한사코 부정하며 누르려는 성향이다. 우리는 이렇게 말한다.

"어쨌든 우리는 깨끗하고 순결하고 죄가 없으며, 끝까지 우리 자신을 흠 없이 지키고 싶다."

인간은 자신을 완전히 통제하고 싶어한다. 악한 생각을 전혀 하지 않기를 원한다. 욕하고 술 취하고 실패하는 일이 전혀 없이 언제나 완전하고 성스러운 존재가 되려 한다. 어떤 면에서 보면, 하나님에게 구원의 여지를 남기지 않을 정도로 자력 충족을 바라는 것이다. 혹시라도 내 손으로 해결 못할 사태가 벌어질까 늘 두려워하며 바짝 경직한 자세로 살아간다.

이 반응은 공개적 저항만큼, 아니 그보다 더 해롭다. 종교적 성숙에 이르는 길을 가로막기 때문이다. 그러나 성숙에 이르는 길이 있다. 다음으로 말할 셋째 길을 따르는 자는 이렇게 말할 수 있다.

"물론 내게는 약점이 많지만 그것 때문에 내가 약해지는 것은 아니며, 흉한 생각이 많지만 그것 때문에 내가 흉해지는 것은 아니다."

좋은 알곡을 거두려면 가라지도 함께 두어야 한다는 깨달음이다. 가라지를 몽땅 뽑으려다가 소중한 알곡까지 뽑아 버릴 수 있다. 분노를 품어 보지 못한 사람은 뭔가에 긍정적 열정을 품을 수도 없다. 이성(理性)을 잃어 본 적이 없는 사람은 잃을 만한 값진 것이 아예 없을 수도 있다. 침체기가 없던 사람은 자신을 즐기기도 어렵다. 모험하지 않는 사람에게는 실패도 없겠지만 성공도 없을 것이다.

"내가 의인을 부르러 온 것이 아니요 죄인을 부르러 왔노라"(마 9:13, 막 2:17) 하신 그리스도의 말씀은 여간해서 믿기가 힘들다. 자아실현의 길로서 자기 수용이 필요함을 가장 강조한 심리학자는 칼 융(Carl Jung)일 것이다. 융에게 자아실현이란 그림자(shadow)의 통합을 의미한다. 자기 성품의 어두운 측면을 의식 속에 받아들여 단편적 삶을 지양할 수 있는 능력으로 배양한다는 것이다. 단편적 삶이란, 외부 세계에 내놓을 수 있는 부분만 진정한 자아의 일부로 간주하는 것이다. 내적 통일성, 즉 총체적 온전함에 이르려면 자아의 모든 부분을 수용, 통합해야 한다. 그리스도는 우리 안에 거하시는 빛이다. 그러나 그리스도는 두 강도 사이에서 십자가에 못 박히셨고 우리는 그 강도의 존재를 부인할 수 없으며, 우리 내면에 거하는 강도들은 더욱 부인할 수 없다.
 이것은 평생의 과업이지만 사춘기는 이 부분에서 자신의 종교 의식을 시험할 수 있는 절호의 기회이다. 갈등은 분명하다. 해답은 저항도 아니고 억압도 아니다. 통합이다.

청년기

 그러다 우리는 대학에 간다. 대학에서는 어떤 일이 생길까? 대학 시절은 가정과 가정 사이의 기간이다. 부모의 가정은 떠났지만 그렇다고 자신의 가정을 이룬 상태는 아니다. 부모한테 늘 듣던 말들로부터 안전 거리를 두었고, 이 휴가를 빼앗으려 하는 새 가정의 배필과도 아직 안전 거리를 둔 상태다. 더는 자신의 생각이나 감정과 부모의 생각이나 감정 사이에서 타협점을 찾으려 고민할 필요가 없지만, 한편으로 아직은 어느 누구에게도 책임을 약속하지 않은 상태이다. 교육받는 시기는 끝났으나 다른 이들을 교육하기엔 아직 이르다고 느낀다. 한마디로, 가정과 가정 사이에서 살아가는 시간이다. 이때야말로 분명 인생에서 가장 자유로운 시기라 할 수 있다.
 대학은 또한 새로운 사고방식을 기르는 곳이다. 우리는 과학적 접근을 배운다. 주제어는 가정(假定), 기준은 개연성, 도구는 실험이다. 수용과 거부는 실험을 통해서만 결정되며, 필연성을 말할 때도 반드시 상대성을 고려한다. 종교적 발달에 있어 대학 시절은 자신의 종교적 개념과 가치관을 "간접적인 것에서 직접적인 것으로"(올포트) 전환할 수 있는 가장 좋은 시기이다. 충분한 자기 수용과 창의적 거리감 정립을 통해 책임 있는 실험을 수행할 수 있는 기간이다.

이러한 대학 시절 동안, 성숙한 종교 의식의 새롭고도 중요한 측면이 발달할 수 있다. 바로 "절대적으로 확실하지 않은 것에 확신을 품을 수 있는" 능력이다(올포트). 대학에 들어가기 전만 해도 우리의 종교적 개념과 생각은 여태 한 번도 의문을 품지 않았던 당연한 것들이 주를 이룬다. 문제는 이것이다. "나는 이 많은 것들에 의문 부호를 붙일 용기가 있는가? 몽땅 잃지 않으면서 회의할 수 있는가?" 세상을 안전하게 느끼는 사람만 모험에 나설 수 있고, 삶의 가치에 기본적 신뢰가 있는 사람만 두려움 없이 많은 질문을 던질 수 있다. 신뢰는 구도(求道)적 종교를 가능하게 하며, 이런 태도는 확실치 않은 것에 대한 헌신을 또다시 가능케 한다. 삶의 의미에 대한 기본적 신뢰가 있을 때, 인간은 절대적 확실성 없이 가정(假定)만으로도 살아갈 수 있다.

대학 시절에 종교적 회의가 없었다면 그는 필시 무턱대고 맹종한 사람일 것이다. 전통적 가치관과 개념을 시험해 본 적이 없다면 이는 자유 분방해서라기보다는 두려워서였을 것이다. 부모의 권고를 전혀 시험해 보지 않은 사람이라면 끝내 비판력을 갖추지 못했을 것이다. 종교적 환경에서 접하는 많은 모호함과 모순과 위선에 반감을 느껴 본 적이 없는 사람이라면 무엇에서도 진정한 만족을 느끼지 못할 것이다.

그러나 반감을 느낀 사람은 모험에 나선다. 자신의 부모뿐 아니라 친구들까지 당황케 하는 모험. 과거와 격리된 것 같고, 모든 종교적인 것 심지어 '하나님' 이라는 단어에도 염증을 느끼는 모험. 고통을 받으면서 "나의 하나님, 나의 하나님, 어찌하여 나를 버리셨나이까?" 외치시던 예수 그리스도의 절절한 고독에 빠지는 모험.

대학에서 우리는 고통과 좌절을 통해, 종교적으로 성숙한 사람은 불가지론자와 아주 가깝다는 것을 깨닫는다. 그러면서 '불가지론자'와 '구도적 신자' 중 어느 것이 자기 마음 상태에 더 적합한지 분간이 안될 때도 많다. 어쩌면 이 둘은 생각보다 가까운 것인지도 모른다.

성인기

종교적 태도와 관련하여 특별한 의미가 있는 성인기의 한 측면은, 성인의 마음이 통합된 인생 철학을 특징으로 한다는 것이다. 우리의 일상생활을 위에서 내려다본다면, 자신이 무엇 때문에 이렇게 바쁘고 안달하며 염려하는지 문득 의아할 것이다. 이런 의문이 들 수도 있다. "이게 다 뭐란 말인가?" 이 질문에 만족스런 답이 없다면 가장 정직한 반응은 '권태'일 것이다.

인간은 자신의 삶에서—흔히 극도로 단조로운 일상 활동에서—더는 의미를 찾지 못할 때 권태를 느낀다. 권태란 내면 깊은 곳에서 삶이 한없이 단조롭게 느껴지는 마음이다. 무미건조한 일상생활의 권태는 "알게 뭐야" 같은 말로 반복하여 나타난다. 권태의 진정한 의미를 묻는다면 '단절된 경험'이라 답하는 것이 옳을 것 같다. 즉 삶의 경험이 어떤 식으로도 과거나 미래와 연결돼 보이지 않는다. 하루하루가 그저 아무 특별할 것도 없는 무채색의 황량한 또 다른 날들일 뿐이다. 이런 마음 상태에서는 '일회적 자극'이 필요하다. 인위적으로 지어내는 찰나적 심기일전에 잠시 권태를 벗는 듯하지만 그것이 과거나 미래에 진정한 의미를 주지는 못한다.

권태란 정체된 물에 떠다니는 무수한 쓰레기 조각처럼 수없이 다양한 말과 개념과 생각과 행동이 난무하되 서로 연결되지 않은 생활이다. 그것은 떨쳐내기 힘든 만성적 감정, 숨어 있는 유혹이 될 수 있고, 아주 쉽게 우울로 발전할 수 있다. 학업을 마치고 직장을 잡고 가정을 이룬 사람들은 "그래서 남은 게 뭔가?" 하는 의문과 함께 밀려오는 깊은 권태감으로 무력해진다. 마침내 모든 것을 이루지만 이제 몇 년 안되어 죽어 떠나 잊혀질 것이다. 기껏해야 이상하고 별난 존재로 기억될 것이다!

성숙한 종교 의식의 창의적 기능은 바로 이 부분에서 진가를 발한다. 그것은 통합 능력을 가지고 있어서 삶에 존재하는 많은 유리된 실체들을 모아 하나의 의미 있는 전체로 묶어 주기 때문이다. 수많은 단절된 조각들이 하나로 엮이면서 전에는 보지 못했던 하나의 유형이 드러난다. 경기장의 카드 섹션에 참가하는 개개인의 사람들을 보면 무엇인지 잘 알 수 없지만 멀리서 전체를 보면 의미 있는 단어가 형성되는 것처럼, 삶의 다양한 측면들도 통합적 시각으로 보면 모두 하나로 연결되어 분명한 방향을 가리킨다. 성숙한 종교는 삶에 의미와 방향을 주고 목표를 찾아 주며 성취할 사명을 일깨워 준다는 말은 바로 그런 의미다.

성숙한 종교로 인해 인간은 가정과 직장과 나라를 뒤로하고 고통받는 가난한 자들에게 자신의 삶을 헌신할 수 있다. 수도원에 들어가 침묵과 고독과 묵상에 파묻힐 수도 있다.

이처럼 새로운 시각이 바로 믿음인 것이다. 믿음으로 없던 것이 새로 생기지는 않지만 삶의 기본 실체에 새로운 차원을 더해 준다. 조각조각 나뉜 성품을 의미 있는 전체로 바꾸어 주며, 분열된 자아를 하나로 통합해 준다. 믿음은 구도하는 마음에게는 영감의 원천이요, 창의적 공동체의 기초이자 삶에 지속적인 갱신을 일으키는 끊임없는 동인(動因)이다.

이렇게 하여 인간은 마술에서 믿음으로 오는 여정을 마감한다. 우리는 모태에 있는 상태에서 시작했다. 그것이 우리가 살던 세계였다. 그러다 서서히 그 마술적 연합에서 벗어나 자율적 존재로 나아갔다. 거기서 우리는 자신이 홀로 있지 않고 주변과 끊임없는 대화 속에 있음을 발견했다. 그리고 마침내 우리는 인생의 모든 다양한 요소들을 하나로 묶는 새 연합으로 여정을 마쳤다. 그 새 연합은 마술의 연합이 아닌 믿음의 연합이다.

Intimacy and sexuality

친밀함과 성

2 사랑의 도전
The challenge to love

나는 이 장을 '사랑의 가능성과 온당성에 관한 보고서'라고 생각하고 싶다. 우리의 질문은 "세상의 다른 이방인과 깊은 사랑에 빠진다면 어떻게 할 것인가?"가 아니다. "사랑이란 과연 현실일 수 있을까?"이다. 많은 이들이 고민한다. 각자 영원한 이방인으로 남는 것이 인간의 운명일까? 모든 친밀한 만남에도 일말의 오해는 있고, 모든 연합의 시도에는 아픈 이별의 경험이 숨어 있으며, 모든 헌신의 몸짓에는 두려운 저항이 도사리고 있는 것일까? 우리가 사랑이라 부르는 모든 것의 중심에는 증오라는 독소가 섞여 있을까?

숱한 외로운 순간에 우리를 찾아드는 의문이 있다. 경쟁이 치열하고 힘겨운 이 세상 어느 한 구석에 과연 안심하고 쉴 수 있는 곳, 타인에게 자신을 내보일 수 있는 곳, 조건 없이 줄 수 있는 곳이 있다면 어디일까. 그곳은 아주 작고 은밀할 수 있다. 그러나 그런 곳이 존재한다면 다른 곳이 아닌 바로 우리의 복잡한 인간관계 속에서 찾아야 한다.

이 문제에 어떻게 접근할 것인가? 우선 두 가지 중요한 존재 형태에 대한 신중한 묘사와 이해로 시작하려 한다. 권력의 형태와 사랑의 형태, 혹은 탈취의 형태와 용서의 형태이다. 둘째, 이 두 형태가 파괴 및 창조와 어떻게 연관되는지 살펴보려 한다. 이럴 때에만 우리는 "우리에게 사랑이란 유토피아의 꿈인가, 아니면 현실적으로 가능한 일인가?" 하는 가장 중요한 질문을 던질 준비가 된 셈이다.

탈취의 형태

먼저 탈취의 존재 형태, 즉 권력의 형태부터 살펴보자. 늘 두려움에 시달리는 한 남자가 있다고 하자. 모든 것이 너무 벅차 견딜 수 없다. 모든 것이. 더 이상 그의 삶의 많은 조각들에서는 의미 있는 전체를 끌어낼 수 없다. 그는 불안에 떨고 있다. 항상 긴장해 여유가 없다. 평소의 집중력과 창의력도 잃어버렸다. 그는 말한다.

"더는 견딜 수 없어. 다들 나를 좋아하고 친구들도 나를 많이 생각해 주지만, 그들은 내 실상을 몰라. 내 참 모습과 내면의 감정을 바로 안다면 앞으로는 나를 쳐다보지도 않을 거야. 나는 나를 알아. 종종 사랑하지 못하고 미워하는 나를. 때로 감싸주기보다는 상처를 주고, 싸매 주기보다는 죽이고 싶어하는 나를. 나는 위선자야."

물론 이렇게 말로 표현할 사람은 거의 없을 것이다. 그저 때때로 혼잣말을 하고 두려움의 감옥에 갇힐 뿐이다. "내 참 모습을 안다면 아무도 나를 사랑하지 않을 거야." 붙잡혀서 빼앗길 것에 대한 두려움이다.
　세상에 팽배한 이 탈취의 형태를 좀더 깊이 들여다보자.[1] 찻잔의 손잡이를 잡고 찻잔을 멀찍이 들면 모든 면을 다 볼 수 있다. 찻잔을 내 손안의 고분고분한 도구로 만들 수 있다. 원하는 방향으로 아무렇게나 움직일 수 있다. 완전하게 통제할 수 있다. 내 손안에, 내 권력 안에 있기 때문이다. 우리의 수많은 인간관계도 이런 식이다. 네 살 짜리 아이에게 매우 화가 나 귀를 붙잡고 찻잔 흔들듯이 아이의 머리를 흔들면, 그 아이는 상처받고, 굴욕감을 느끼며, 물건 취급을 받았다고 느낀다. 신입생 환영 파티에서 한 신입생의 코를 잡거나 다리를 잡아당기거나 뺨을 꼬집으면 그는 탈취당한 기분을 느낀다. 그러나 이런 신체적 형태보다도 훨씬 더 심한 것은 정신적 형태로 동료 인간을 탈취하는 것이다. 우리는 아픈 곳이나 숨은 약점을 이용해 상대를 탈취할 수 있다. 멀리서 보고 있다가 언제든 내 마음 내키는 데로 끌고 갈 수 있다. 이렇듯 탈취의 형태는 곧 권력의 형태이다. 그것은 약탈 구조로 되어 있다. 상대의 약점을 잘 기억해 두었다가 상대가 내 길을 막을 때 공격의 수단으로 이용한다.
　존재의 탈취 형태를 부정하기에는 우리 생활에서 그러한 예가 너무나 많다. 두 사람이 함께 앉아 한 친한 친구에 대해 허물없이 편하게 얘기하고 있는데 낯선 사람이 다가와 말한다.
　"지금 누구 얘기하는 거야? 메리? 아, 그 섹시한 애…."
　두 사람은 말을 잃는다. 메리는 물건이, 하나의 얘깃거리가 되었다. 대화는 사라지고 말싸움으로 변질될 때도 많다. 어느 심리학자가 자기 환자의 병이 전형적 강박 신경증임을 밝혀 내고는, 자신의 멋진 진단에 고마워하는 환자에게 새 병명을 붙여 집으로 돌려보낸다. 그는 환자의 약점을 이용해 탈취했고, 분류로 치료를 대치한 것이다.

우리는 상대의 인생 이력을 들춰내고 과거를 조사하여, 앞으로 그가 나의 권력에 도전할 경우 무기로 이용할 수 있는 약점을 찾아낸다. 탈취의 삶이다.

최근 재판의 피해자가 된 러시아 작가 대니얼(Daniel)은 남의 어두운 과거를 폭로하는 것이 어떻게 그 사람을 고립과 절망, 끝내는 완전한 파멸로 몰아갈 수 있는지 생생히 묘사한 바 있다. 상대의 과거를 아는 것이야말로 인간관계에서 가장 치명적 무기가 될 수 있다. 그것은 수치심과 죄책감, 도덕적 죽음과 육체적 죽음까지 불러올 수 있다.

그러나 굳이 이런 극적인 예를 들 필요도 없다. 대학원 입학 원서를 제출하는 모든 학생과 추천서를 쓰는 모든 교수도 실은 탈취의 삶의 구조에 굴복하고 있지 않은가? 부모가 자기 아이의 걸음마를 이웃집 아이와 비교할 때부터 인간은 판단과 평가를 받고 시험을 통해 등급이 매겨지며 진단과 분류를 피할 수 없게 된다. 점차 시간이 흐르면서 우리는, 내 인생이 나 자신이 아니라 나에 대한 항구적 기록에 의해 결정됨을 깨닫는다. 종종 자신이 누군가 타인의 목적을 위해 탈취 및 이용당하고 있다는 기분이 드는 것도 당연하다. '내가 누구인가' 보다는 '남들 눈에 내가 어떻게 보이는가' 가 더 중요하며 '내 생각이 어떤가' 보다는 '남들이 나를 어떻게 보는가' 가 더 중요하다.

탈취의 존재에 머물 때 인간은 두려움이 동기가 되어 권력을 좇아 행동한다. 완전 무장 자세로 타인의 행동을 감시하다가 적시에 약점을 잡아 일격을 날린다. 그렇게 하지 않으면 좋은 직장, 좋은 대학원, 좋은 부대, 좋은 배우자를 놓칠 수도 있다. 이렇듯 아주 미묘한 형태로 우리는 자주 탈취의 누에고치 속에 몸을 숨기고 살아간다.

탈취자들과는 정반대인 것 같은 이해심 있는 사람들도 권력에 물들기는 마찬가지다. '심리적 이해' 란 사람들의 숨은 동기를 안다는 뜻이다. 이런 말과 같다. "굳이 말해 주지 않아도 나는 이미 그 사람을 안다." 내담자는 상담자가 사용하는 기술을 알아내려 애쓰다 몇 시간의 치료와 상담을 그냥 날려 버릴 수 있다. 연애하는 남녀의 경우도 대개 그렇지 않은가? 남자는 여자와 단둘이 있는 것보다 차라리 다른 친구들과 함께 교실에 있는 쪽이 더 편할 것이다. 사랑하는 여자에게 자유로이 애정과 기분과 생각을 털어놓을 자신이 없기 때문이다. 오히려 더욱 자의식에 빠져 적시에 정답만 말하게 되며 모든 것이 부자연스럽다. 멀리서 보면 사랑 같지만 가까이 들여다보면 두려움일 때가 많다. 이를테면 이런 식이다. "나는 탈취당해 주변으로 밀려나고 싶지 않아. 상황에 대한 통제력을 내가 쥐고 싶어. 그리고 여차하면, 차이는 것보다는 차는 편이 항상 낫지."

이 모든 것을 통해 우리는 회의를 느낀다. '사랑' 도 실은 실상을 가리는 위장에 지나지 않는다는 회의를 갖게 된다. 여기서 실상이란, 남자와 여자는 길고도 미묘한 쟁탈전에서 서로 정복하는 관계에 불과하며 결국 자기가 살아온 방식대로 상대를 조종하는 자가 언제나 승리한다는 생각이다. 사랑도 그 탈을 벗겨 보면 결국 동료 인간을 탈취하여 미묘하게 전권을 행사하는 또 하나의 방편이다.

이것이 사실이라면 파멸은 인간 존재의 불가피한 측면이 된다. 탈취 형태의 삶이란, 내 약점은 언제나 내게 불리하게 작용할 수 있으며 인생에는 안전지대가 없음을 뜻하기 때문이다. 토머스 머튼(Thomas Merton)은 비폭력에 대한 그의 연구에서, 탈취의 존재 형태는 악(惡)의 치유 불능이라는 개념에 기초를 두고 있다고 지적했다. 실수와 실패와 잘못은 나의 인생 경력에 변화 불능의 요소로 남는다. 악이란 결정적인 것이요 변화될 수 없는 것이다. 치유 불능에 대한 유일한 해답은 파멸이다. 악이 용서될 수 없다면, 탈취의 형태로 살아가는 이들이 택할 수 있는 유일한 길은 악을 잘라 내고 뿌리 뽑아 불태우는 것이다. 그 결과 온유와 긍휼과 사랑은 불필요한 약점으로 전락한다. 모든 실수는 최종적이요 용서 불가능한 것이다. 실례의 제스처는 잊지 못할 기억이 되고, 쓰라린 말은 견딜 수 없는 가책을 낳고, 배반의 순간은 절망과 삶의 파멸로 이어진다.

이것이 전쟁과 증오의 역학이다. 정신 병원에서 고생하는 수많은 사람들, 싸우는 부모 밑에서 깊이 상처 입은 많은 아이들, 연인과 헤어져 홀로 된 헤아릴 수 없이 많은 남녀들을 보노라면 탈취의 존재 형태를 피할 수 있는 사람이 과연 있을까 하는 의문마저 든다. 탈취의 형태는 권력의 형태요, 그 권력이 내 것이 아닌 한 파멸은 자명하다.

이런 관점에서, 탈취와 권력과 궁극적 파멸이라는 악순환의 노예가 되고 만 인간에게 사랑이란 숙명적으로 불가능하다. 권력의 사람은 비아냥거리며 말할 것이다.

"사랑과 평화와 용서는 아직 이 악순환에 들어서지 않은 이들의 꿈이다. 그러나 조금만 기다려 보라. 지극히 원시적인 생존 욕구에 떠밀려 그들도 치유 불능의 언어를 내뱉을 날이 올 것이다. 그렇게 되면 그들도 삶을 탈취하는 정도가 아니라 아예 삼켜 버릴 것이다."

용서의 형태, 곧 사랑의 형태

그러나 이제 우리를 믿는다면서 그 사람이 말했다. "친구들이 내 참 모습과 내면의 감정을 바로 안다면 더 이상 나를 쳐다보지 않을 거야. 다들 위선자인 내게 침 뱉고 떠날 거야." 이 사람은 닫힌 벽을 과감히 뚫고 나왔다. 논리를 뛰어넘어 수치의 벽을 허물었다. 솔직한 고백이 하나의 가능성임을 믿었다. 이렇게 안일의 벽을 허물고 눈물로 자신의 가장 깊은 절망, 약함, 미움, 질투, 비열함, 혼미한 내면을 털어놓을 수 있다는 것은, 작으나마 타인들이 자신을 탈취하여 파괴하지 않으리라는 믿음이 있다는 뜻이다. 누군가한테서 "두려워 말고 말하라"는 음성이라도 들은 듯이 말이다.

우리의 삶에도 사랑하는 이에게 자신의 참 자아를 내보일 수 있었던 시간들이 간혹 있었을 것이다. 대단한 성공뿐 아니라 약점과 아픔까지, 선한 의도뿐 아니라 못된 속셈까지, 빛나는 얼굴뿐 아니라 어두운 그림자의 모습까지도 말이다. 대단한 용기가 필요한 일이지만 그것을 계기로 새로운 지평, 새로운 생활 방식이 열릴 수 있다. 이렇게 닫힌 벽을 허무는 일을 흔히 회심 체험이라고도 하는데, 이는 급작스레 뜻밖에 찾아올 수도 있고 천천히 점진적으로 찾아올 수도 있다. 사람들은 우리를 정신 나간 이상주의자, 비현실적인 몽상가, 골수 낭만주의자라 놀릴지 모르지만, 우리는 거기에 크게 개의치 않는다. 평화와 용서와 정의와 내적 자유는 단지 말 이상의 것이라는, 전에 몰랐던 새로운 차원의 확신이 있기 때문이다. 회심이란 사랑의 가능성을 발견하는 일이다.

탈취의 형태를 초월하는 이 사랑의 존재 형태를 우리는 어떻게 이해할 수 있을까? 사랑의 기초는 한쪽에서 상대편의 문제를 듣고 이해하며 품어 주려는 마음에 있는 것이 아니다. 사랑의 기초는 피차간에 자신의 자아를 온전히 고백하는 데 있다. 그럴 때 '나의 힘이 곧 너의 힘' 일 뿐 아니라 '너의 아픔이 곧 나의 아픔이고 너의 약함이 곧 나의 약함이며 너의 죄가 곧 나의 죄'라고 말할 힘이 생긴다. 사랑이란 바로 약자의 친밀한 교제 속에서 태어나는 것이다. 진정으로 의존이 필요한 존재라는 사실을 적나라하게 드러내는 것은 가장 실존적인 체험으로 상대를 초대하는 일이며, 그럴 때 우리의 삶은 새로운 차원에 들어선다. 이렇게 연약함을 서로 나눌 때 인간은 폭력을 극복할 수 있다. 다들 돌을 던질 자세를 취할 때 ─ 말도 돌만큼 날카로울 수 있다 ─ 누군가 나서서 "죄 없는 자가 먼저 치라"고 용감히 외칠 수 있다.

가라지가 함께 자라도록 두어야만 충실한 알곡을 거둘 수 있음을 믿는다면 우리는 모든 갈등을 두려워하지 않아도, 모든 논쟁을 피하려 하지 않아도 된다. 우리가 사는 이곳이야말로 사랑의 미소가 싹트는 곳이요 냉소적 유머가 아닌 따뜻한 유머가 꽃피는 곳이다. 그런 상황은 얼마든지 있다.

존과 샐리가 함께 공원을 걷고 있다. 존은 헤겔이며 키에르케고르, 카뮈, 사르트르 등 최근에 책에서 접한 철학자들에 대해 10분 동안 사설을 늘어놓는다. 오랜 침묵 후 샐리가 묻는다.

"존, 나를 좋아해?"

존은 약간 짜증이 난다. "물론이야. 하지만 난 네가 실존주의를 어떻게 생각하는지 알고 싶다고."

샐리가 말을 받는다. "존, 난 철학자랑 결혼하고 싶지 않아. 내가 결혼하고 싶은 건 너야."

존은 화가 난다. "그런 바보 같은 소리 좀 그만 해. 말도 통하지 않는 사람끼리 어떻게 행복할 수 있어?"

샐리가 말한다. "사랑이란 말만 통한다고 되는 게 아냐. 그리고 나는 너한테 또 한 명의 급우가 되고 싶진 않단 말야."

그날 밤 산책은 짧게 끝났다. 그러나 나중에 이 일을 두고 웃으며 이렇게 말할 날이 있으리라.

"적어도 우린 두려움 없이 속마음을 보일 수 있었지."

만일 존과 샐리가 언제나 기분 좋고, 잘 통하고, 서로 생각이 같았다면, 진정 자신이 원해서 상대를 사랑하는지 회의가 들었을지도 모른다. 바로 여기서 사랑은 가시화된다.

사랑의 특성을 몇 가지 살펴보자. 사랑은 무엇보다도 '진실' 하다. 약자의 교제에서 진실은 자유로운 행동의 흔들리지 않는 기초다. 진실이란 일차적으로 '인간 위에 인간 없다' 는 기본적 인류 조건을 온전히 수용한다는 뜻이다. 인간의 상황에 항상 솔직할 때에만 우리는 서로에게 충실할 수 있고 거짓과 피상적 꾸밈과 위선을 벗어날 수 있다.

사랑의 둘째 특성은 '부드러움' 이다. 사랑이 탈취 형태를 초월한다는 사실을 가장 확실히 보여 주는 것이 바로 부드러움일 것이다. 사랑할 때 손은 탈취하거나 빼앗거나 움켜쥐지 않는다. 어루만진다. 어루만지는 행위는 인간의 손이 부드러워질 수 있다는 가능성을 보여 준다. 자상한 손길은 성장하게 한다. 정원사가 자상한 손길로 꽃에 빛이 비춰게 하고 자라게 하는 것처럼, 사랑하는 사람의 손은 상대로 하여금 온전한 자기 표현을 가능하게 한다. 사랑할 때 입은 물거나 삼키거나 파괴하지 않는다. 키스한다. 키스는 탈취가 아니라 두려움 없는 온전한 헌신의 표현이다. 사랑할 때 눈은 열쇠 구멍으로 낯선 사람의 몸을 탐하지 않으며, 아들 함에게 벗은 몸을 들킨 노아처럼 노출의 수치심을 유발하지 않는다. 사랑할 때 눈은 감탄하는 미소의 따뜻한 온기로 상대의 몸을 덮어 준다. 그것이 부드러움의 표현이다.

가장 중요한 마지막 특성으로, 사랑은 완전한 '무장 해제'를 요구한다. 사랑의 만남은 무기 없는 만남이다. 어쩌면 개인간 만남의 무장 해제가 국제적 무장 해제보다 더 어려울 것이다. 우리는 가장 친밀한 관계 속에서도 아주 능숙하게 총칼을 뒤에 감춘다. 지나간 상처를 품고 있는 것, 상대의 동기를 삐딱한 눈으로 보는 것, 가벼운 의심 따위는 다 방어용 무기로 등뒤에 감춘 칼처럼 날카로운 위력을 발휘할 수 있다. 우리는 과연 아무런 방어 없이 동료 인간을 대할 수 있을까? 자신의 취약한 모습을 온전히 드러낼 수 있을까? 이것이 우리 질문의 핵심이다. 남자와 여자는 서로의 관계에서 권력을 배제한 채 완전히 자신을 내어 줄 수 있을까? 군인들도 앉아서 먹을 때는 무기를 내려놓는다. 먹는다는 것은 평화와 안식을 뜻하기 때문이다. 잠자리에 누울 때는 그보다 더 약해진다. 식탁과 침대는 연약함 중에 사랑이 표현될 수 있는 친밀함의 두 처소이다. 사랑할 때 남자와 여자는 모든 형태의 권력을 벗고 완전한 무장 해제 상태로 서로 부둥켜안는다. 벌거벗은 그들의 몸은 약한 부분까지 조금도 숨기지 않고 자신을 온전히 내어 주는 것의 상징일 뿐이다.

친밀한 성행위를 통한 남녀의 육체적 만남이 서로 자신을 온전히 내어 주는 마음의 표현이 아니라면, 약자의 창의적 교제는 아직 이루어지지 못한 것이다. 조건부로나 한시적으로 또는 정신적 제약 속에 이루어지는 모든 성 관계는 아직도 탈취의 형태에 속한 것이다. 그것은, "나는 지금은 너를 원하지만 내일은 원하지 않는다. 나는 너에게서 뭔가를 원할 뿐 '너'를 원하지는 않는다"는 의미이다. 사랑은 제약이 없다. 서로 온전히 헌신할 때에만, 즉 평생에 걸쳐 자신의 전 인격을 내어 줄 때에만 남녀의 만남은 온전한 결실에 이를 수 있다. 세심한 관계 개발을 통해 완전한 무장 해제의 자유에 이를 때, 남녀의 나눔은 용서가 되고, 벌거벗은 몸은 수치가 아닌 공유의 갈망을 불러일으키며, 최대 약점은 공동의 힘의 핵이 된다. 약점을 온전히 내보이는 상태에서 새 생명이 태어나며, 이것이 바로 사랑의 신비이다.

권력은 죽인다. 약함은 창조한다. 자율과 자기 인식과 자유를 창조한다. 서로 주고받을 수 있는 열린 마음을 창조한다. 그리고 마지막으로, 새 생명이 완전한 발육과 성숙에 이를 수 있는 훌륭한 기반을 창조한다. 그렇기 때문에 어린아이의 신체적, 정신적, 영적 건강의 최고 안전장치는 그 아이에게 쏟는 관심이 아니라, 부모가 서로를 아낌없이 사랑하는 데 있는 것이다.

탈취의 존재 형태가 유일한 가능성이라면 파멸은 우리의 피할 수 없는 운명이다. 그러나 사랑을 찾을 수 있다면 창조도 존재할 수 있다. 머튼이 한 말처럼 사랑의 기초는 악을 선으로 바꿀 수 있다는 믿음에 있기 때문이다. 이제 악은 궁극적인 것도, 변화 불능의 것도 아니다. 간디의 비폭력 사상은 본질적으로 용서가 모든 적을 친구로 바꿀 수 있으며 증오 안에 사랑이, 절망 안에 희망이, 의심 안에 믿음이, 악 속에 선이, 죄 속에 구속이 숨어 있다는 확신에 기초하고 있었다. 사랑은 악을 선으로, 파멸을 창조로 전환시키는 용서의 행위이다. 진실하고 부드럽고 무장 해제된 사랑의 만남을 통해 인간은 창조할 수 있다. 이런 관점에서 분명 성행위는 종교적 행위이다. 자신의 십자가 위에서 완전히 무장 해제하고 가장 약한 모습까지 온전히 드러낼 때, 진정한 자유인인 새로운 인간이 태어나는 것이다. 인생 최고의 성취, 즉 우리가 창조하는 새 생명은 바로 이런 자기 헌신의 행위 속에서 이루어지는 것 아닌가? 과거에 으레 대립 개념으로 간주되던 종교와 성이 하나의 실체로 연합된다. 둘 다 온전한 사랑과 자기 헌신의 표현이기 때문이다.

사랑의 가능성

권력으로 파괴하는 탈취의 형태와 용서로 창조하는 사랑의 형태를 살펴본 우리는 이제 다시 처음 질문으로 돌아간다.

"우리에게 사랑이란 유토피아의 꿈인가, 아니면 현실적으로 가능한 일인가?"

우선 짚어 둘 것은, 우리 인생은 종종 탈취와 용서의 두 갈망 사이를 왔다갔다하는 아주 고통스런 과정이라는 것이다.

우리는 냉혹하게 경쟁하기 원하면서도 용서하고 싶어한다. 힘과 성공을 바라면서도 자신의 이면을 털어놓고 싶은 충동을 느낀다. 죽이고 싶지만 감싸 주길 원하기도 한다. 상처를 주고 싶지만 도와주고 싶기도 하다. 이 세상은 현실주의야말로 권력을 좇는 인생관이라고 우리를 끊임없이 다그치지만, 선뜻 이해가 안되면서도 마음에 끌리는 예언자들의 말이 있다. 예언자들은 또 다른 대안이 가능하다는 사실을 늘 일깨워 준다. 하나같이 회심, 마음의 변화를 촉구하는 말이다. 그러나 우리는 과연 그런 모험을 감행할 수 있을지 자신이 없다.

두려워하는 데는 충분한 이유가 있다. 사랑이란, 마음을 열고 자신의 약점까지 내보이며 모든 것을 내어 주고 고백하는 것이다. "진정한 내 모습을 보여 주어 친구들이 내 내면의 감정을 알게 된다면 그들은 더 이상 나를 사랑하지 않고 미워할 거야." 실제로 이런 말은 얼마든지 가능한 일이다. 정직해진다는 것은 커다란 모험이다. 상대가 사랑으로 반응하지 않고 나의 약점을 잡아 나에게 불리하게 이용할 수 있기 때문이다. 고백은 나를 망쳐 놓을 수 있다. 과거의 실패와 현재의 혼돈을 털어놓았다가 자칫 낭패만 볼 수도 있다. 멸시의 몸짓으로 보기 좋게 외면당할 수도 있다. 사랑과 용서를 세상 물정 모르는 이들의 유토피아적 환상이라 믿는 많은 사람들의 삶에서 이것은 가능한 대안일 뿐 아니라 잔인한 현실이다.

분명 탈취의 형태는 피하기 어려울 정도로 우리 존재의 일부가 되어 버렸다. 전화 교환원에게 기분을 묻지 말라. 우체국에서 우표를 파는 직원에게 기도 생활에 대해 이야기하지 말라. 교사에게 성생활을 묻지 말라. 그것은 규칙 없는 게임이며(아니 어쩌면 더는 게임이 아니다) 따라서 인간의 커뮤니케이션을 파괴하는 일이다. 대부분의 상황에서는 그저 탈취의 형태를 취하는 것이 현명한 처사다. 연약하고 부드러운 속살을 보호하기 위해 딱딱한 껍질을 굳게 닫고 사는 굴처럼 말이다. 그러므로 우리의 문제는 삶의 탈취 구조를 근절하는 방법이 아니라 어느 때, 어느 곳에서, 어떻게든 그 구조를 초월하여 껍질을 열 수 있는 가능성이 조금이라도 보이는가 하는 것이다.

두 사람의 친밀한 만남이 완전한 자유의 표현인 경우가 과연 얼마나 많을까? 많은 이들이 공포와 두려움으로 상대의 품에 파고든다. 절망과 외로움으로 서로를 끌어안는다. 더 심한 불행을 막고자 서로에게 매달린다. 이들의 동침은 세상의 위협을 피하고 자신의 좌절을 망각한 채 사회의 감당 못할 압박감을 잠시나마 달래며, 약간의 온기와 보호와 안전을 맛보기 위한 욕망의 표현일 뿐이다. 이들의 프라이버시로 창출되는 공간은 두 사람이 함께 자유로이 성장하며 서로의 발견을 공유할 수 있는 곳이 아니라 폭풍에 노출된 위태로운 피난처에 지나지 않는다.

하지만 인생의 유일한 현실적 최종 해답이 죽음이라면 그 외에 무엇을 바랄 수 있으랴. 내가 어디서 와서 어디로 가는지 모른다면, 인생이 두 암흑 사이에 끼어 깜박이는 희미한 불꽃에 지나지 않는다면, 현 실존에 던져진 채 그대로 삼켜지는 것이 나의 운명이라면, 거기서 안전을 바란다는 것은 현실적이라기보다는 병적인 짓이다. 그 경우 우리에게 남는 것이라곤 권력을 최대한 동원하여 불꽃을 지키면서 생존에 집착하는 일뿐이다. 비겁한 일일까? 그럴지도 모른다. 하지만 죽는 것보다는 비겁한 편이 낫지 않은가.

심리학자들은 이 시점에서 멈추며, 철학자들도 여기서 의문 부호로 마지막 문장을 끝낸다. 우리도 여기서 멈춰야 한다. 누군가 이 악순환을 끊을 수 없다면 말이다. 그러나 우리는 깊은 절망과 고독의 감옥에서 마음이 더 강퍅해지고 독해지는 것이 아니라 오히려 '한 새로운 사람'의 음성에 민감하게 귀가 열릴 때가 있다. 들을 마음만 있다면 누구나 그의 말을 들을 수 있고, 읽을 마음만 있다면 누구나 그의 말을 읽을 수 있다. 많은 이들이 그에게 반감과 분노를 품는다. 그러나 거기 속하지 않은 적은 무리에게 그는 희망의 표징이다. 이 새로운 사람은 기쁨으로 이렇게 선포한다.

태초부터 있는 생명의 말씀에 관하여는 우리가 들은 바요 눈으로 본 바요 주목하고 우리 손으로 만진 바라… 너희에게 전하는 소식이 이것이니 곧 하나님은 빛이시라 그에게는 어두움이 조금도 없으시니라… 저가 빛 가운데 계신 것같이 우리도 빛 가운데 행하면 우리가 서로 사귐이 있고…(요일 1:1-7).

갑자기 모든 것이 정반대로 변한다. 어두움이 빛으로, 속박이 자유로, 죽음이 생명으로, 탈취가 나눔으로, 파멸이 창조로, 미움이 사랑으로 바뀐다. 이 음성은 항거할 수 없는 힘으로 우리 존재의 악순환을 다음과 같이 끊어 놓는다.

우리가 서로 사랑하자 사랑은 하나님께 속한 것이니… (요일 4:7).

사랑 안에 두려움이 없고 온전한 사랑이 두려움을 내어 쫓나니 두려움에는 형벌이 있음이라 두려워하는 자는 사랑 안에서 온전히 이루지 못하였느니라(요일 4:18).

(그러나) [하나님은] 우리 마음보다 크시고… (요일 3:20).

우리가 사랑함은 그가 먼저 우리를 사랑하셨음이라(요일 4:19).

이 말씀에는 사랑이 과연 하나의 가능성이라는 구속(救贖)적 계시 외에 어떤 의미가 있을까? '사랑이 안전한 것이라는 진리를 밝히는 일' 이야말로 계시의 가장 훌륭한 정의일 것이다. 우리의 불안과 고뇌의 편협한 벽이 허물어지고 끝없이 널따란 시야가 펼쳐진다. "우리가 사랑함은 그가 먼저 우리를 사랑하셨음이라." 약점을 다 드러내며 서로를 품는 것은 안전한 일이다. 함께 사랑의 손안에 안기기 때문이다. 자신을 내어 주는 일은 안전한 일이다. 우리가 견고한 기초 위에 서 있다고 말해 준 분이 있기 때문이다. 상대에게 헌신하는 것은 안전한 일이다. 어두운 구덩이에 떨어지는 것이 아니라 따뜻이 맞아 주는 본향에 들어설 것이기 때문이다. 약해지는 것은 안전한 일이다. 창조적 힘에 둘러싸여 있기 때문이다.

이렇게 고백하며 사는 것이 새로운 앎의 방식이다. 우리를 둘러싸고 있는 것은 어두움이 아닌 빛이다. 그 빛을 아는 자는 그 빛을 볼 것이다. 저는 자가 걷고, 귀머거리가 듣고, 벙어리가 말하고, 눈먼 자가 보며, 산이 옮겨질 것이다. 우리에게 찾아와 "사랑의 표지는 곧 약함의 표지"라고 말해 준 어떤 사람이 있다. 강보에 싸여 구유에 누인 한 아기다. 이것이 하나님의 영광이요 세상의 평화요 모든 인간의 복이다.

나는 사랑이 하나의 가능성이 되었음을 표현하는 말로 그보다 더 좋은 것을 알지 못한다. 인간에게 새로운 도덕이 필요하다면, 그것은 다름 아닌 인간 조건의 한 가능성으로 우리에게 약자의 교제를 가르쳐 주는 도덕이어야 한다. 이제 사랑은 다가오는 재난이 두려워 서로에게 매달리는 행위가 아니라 새 생명의 창조를 가능케 하는 자유로운 만남이 된다. 이 사랑은 증명할 성질의 것이 아니다. 다만 거기에 초청되어 적극적 반응을 통해 사실이라는 것을 발견할 뿐이다. 우리가 그리스도인의 삶이 표현의 자유를 제약하는 삶인 것처럼 행동했다면, 우리는 그 본질을 왜곡하고 전도시킨 것이다. 기독교의 핵심 메시지는 탈취 형태의 인간 존재를 초월하는 가능성에 대한 메시지이다. 이 메시지의 주요 증인은 자신의 연약함을 온전히 드러내심으로써 죽음의 사슬을 끊으시고, 목숨을 버리심으로써 목숨을 얻으신 예수님이다.

그분은 우리에게 속박의 사슬을 끊으라고 도전하신다. 동료 인간을 두려움 없이 대하며 자신과 함께 약자의 교제에 들어서라고 도전하신다. 그 결과가 파멸이 아니라 창조, 새 에너지, 새 생명, 그리고 결국은 새 세계임을 알기 때문이다.

Intimacy and prayer

친밀함과 기도

3 학생들의 기도: 혼돈과 희망 사이
Student-prayers

 늘날 대학생들에게 기도 생활을 묻는 것은 아주 친밀한 세계로 들어오도록 초대한다는 뜻이다. 이 세계는 학생들이 자기 존재의 궁극적 의미에 직면하고 세상 너머의 영역과 맞닿으려는 곳이다. 이 세계에 들어서는 일은 상대가 원할 때에만 가능하다. 어떤 형태로든 힘을 행사한다면 그것은 삶의 가장 민감한 영역을 해치는 것이고 우리가 알고 싶어하는 바로 그 실체를 파괴하는 것일 수도 있다.

하지만 그 세계에 들어가려는 이유는 무엇인가? 지극히 사적인 이 영역은 어디까지나 사적인 곳으로 남겨 두어야 하지 않을까? 그러나 인간의 개성을 존중하고 보호한다는 말, 사실은 인간 커뮤니케이션의 가장 깊은 차원을 경험하기 두려워 회피하는 것일 수도 있다. 자신의 기도를 나누기 원하는 사람은 자신의 삶을 나누기 원하는 것이다. 단순히 사건과 감정과 사고를 나누려는 것이 아니다. 존재 의미의 문제가 제기될 수 있는 순간을 나누려는 것이다. 인간이 동료 인간에게 자신의 하나님을 내보일 수 있는 때는 기도를 나눌 때이리라.

이런 믿음에 근거하여, 일부 대학생들이 친구들에게 자신의 기도를 글로 써 볼 것을 권했다. 표본 추출도, 체계적 선별도 없었고 그룹별, 학년별, 가정 환경별로 세밀한 구분도 하지 않았다. "기도를 글로 써 보겠는가?" 하는 아주 단순한 질문만 던졌을 뿐이다. 질문에 대한 반응 자체가 첫째 발견이었다. "좋다. 해보고 싶다. 아직 아무도 그런 걸 부탁한 사람은 없었지만, 어쨌든 기도를 글로 써 보고 싶다. 그리고 친구들에게도 권하겠다." 이렇게 친구가 친구에게 부탁하여 인생관과 삶의 태도가 아주 다양한 남녀 학생들의 기도 41편을 두 달 만에 모았다.

기도에 익숙한 학생들도 있었고 전혀 처음인 학생들도 있었다. 하나님의 집을 내 집처럼 드나든 이들도 있었고 '하나님'이란 단어 자체에 의미를 느끼지 못하는 이들도 있었다. 좋은 면만 보며 인생을 행복하게 살아가는 학생이 있는가 하면 인생을 사면초가의 고문실로 생각하는 학생도 있었다. 꾸준히 교회에 나가는 사람도 있었고 불신이나 권태 때문에 교회에 한 번도 가 본 적이 없거나 중단한 사람도 있었다.

그러나 그들 모두 기도를 써서 다른 학생들이 읽을 수 있게 해주었다. 기도 모음집은 여러 사람들 손을 거치며 다양한 반응을 불러일으켰다. 학생들이 읽은 것은 오늘날 대학 캠퍼스에서 읽히리라고는 좀처럼 기대하기 힘든 한 권의 기도서였다.

이 연구에서 나는 학생들의 기도를 그들의 종교 생활에 대해 전반적 결론을 내리려는 목적으로 사용하지 않았다. 단순히 인간의 지속적인 의미 추구에 대한 많은 증거 중 하나로 제시하고 싶다. 한 학생은 모든 기도를 꼼꼼하고 자세하게 읽은 후 이런 글을 남겼다.

"개인적인 기도란 언제나 훈련 혹은 정의의 차이가 아닌가 생각한다. 말 뒤에는 어떤 엄밀한 분석 체계로도 파헤칠 수 없는 극히 개인적이고 잡힐 듯 잡히지 않는 무엇이 숨어 있다. 이런 어려움이 있기는 하지만 읽는 이들은 특정 기도의 내용을 이해하고 설명할 수 있으며, 성숙함과 민감함과 관찰력만 있다면 기도를 구성하는 단어와 구문의 이면까지도 상당히 파악할 수 있다."[1]

나 또한 이러한 태도로 모음집에 나타난 기도의 세계를 묘사하고 싶다.

여러 개인의 매우 다양한 표현을 하나의 통일된 시각으로 묶을 수 있을까? 나는 학생들의 기도를 연구하면서 이들의 기도가 양극단 사이에 놓여 있는 것을 보았다. 하나는 완전한 혼돈과 자기 회의 속에서 확실한 답과 자기 이해를 구하는 경험이다. 또 하나는 좀 더 나은 미래에 대한 기대, 자기 인식, 자기 수용을 특징으로 하는 강하고 확실한 희망의 경험이다. 학생들의 기도는 이 혼돈과 희망의 양극 사이 어딘가에 위치해 있다. 그 틀 안에서 다양한 기도의 위치를 잠정적으로 정해 볼 수 있다. 전체를 하나로 보면, 자기 회의의 감옥에서 자기 확신의 자유로 옮겨 가는 과정도 볼 수 있다. 양극 사이를 옮겨 가는 길목에서 우리는 제각기 얼굴과 역할이 다른 다양한 하나님을 만나게 된다. 이 모음집에 가장 선명히 드러난 하나님의 모습은 다음과 같다.

1. 밝혀 주시는 하나님
2. 거부당하신 하나님
3. 선배 같으신 하나님
4. 너그러우신 하나님
5. 아름다우신 하나님
6. 주시는 하나님
7. 오시는 하나님

1. 밝혀 주시는 하나님

자기 주장의 태도라는 가면 뒤에 깊은 혼돈을 감추고 있는 학생들이 많다. 이들은 상충되는 많은 자극에 파묻혀 서로 모순되는 입장과 이상과 욕망에 부딪쳐 살아가며, 자기가 누구며 어디로 가는지도 모른 채 사건과 감정에 휩쓸려 길 잃은 느낌을 많이 받는다.

"오늘은 비폭력을 말하다가 내일은 혁명을 말하고, 오늘은 유럽의 십자군을 말하다가 내일은 베트남 학살을 말하는 이 미친 세상에서 나는 과연 의미 있는 일을 할 수 있을까?"

많은 학생들이 이런 의문으로 괴로워한다. 이 모든 혼돈의 한복판에서 이들은 자신의 사고와 감정과 정서의 궤적을 잃은 채 복잡한 내면생활에 얽혀 헤어나지 못한다.

이들에게 기도란 자신의 혼돈과 마주서는 일이다. '내가 할 수 있는 일 혹은 하고 싶은 일은 무엇인가?' 도 의문이지만 더 근본적인 의문은 '나의 감정 상태가 어떤가?' 이다. 이런 혼란스런 마음과 어지러운 감정은 삶의 많은 대립 개념에 대한 경험 능력을 앗아갈 수 있다. 기쁨과 슬픔, 분노와 감사, 사랑과 증오가 구별 불능의 생명 없는 감정덩어리로 뒤엉키는 듯하다. 그 결과 마음이 냉담하고 무감각하고 피곤해지기 쉽다. 저마다 다른 방향으로 잡아끄는 이상과 구호의 자극을 지겹도록 접해 식상한 상태에서 이제 할 수 있는 말은 이것뿐이다. "될 대로 되라지!" 가능한 대안이라고는 무감각한 수동적 태도뿐이다. 마디그라(Mardi Gras, 참회의 화요일) 준비 기간 중 한 학생이 쓴 기도는 이렇다.

또 다시 마디그라 주말이 찾아왔군요. 어떤 사람들에게는 재미있게 즐기며 생각하고 잊는 시간일 테고 다른 사람들에게는 우울과 분노의 시간이겠지요.
하지만 저에게는 어느 쪽도 아닙니다. 저의 냉담한 슬럼프의 심각성을 잘 보여 주는 대목이겠지요. 얼마나 심각한지 그 원인들—도서관, 전쟁, 추한 세상, 농담, 좁은 마음 등—탓에 삶의 열정을 다 잃고 방황밖에 남은 것이 없을 정도입니다.
방황은 싫습니다. 무의미한 경쟁도 싫습니다. 약간의 열정과 약간의 흥미만 있어도 최소한 뭔가를 추구할 수는 있을 텐데요. 그 뭔가가 희미한 것이라도 좋습니다.
우리들 모두 열정과 흥미를 찾게 해주십시오.

무감각과 냉담함 속에서 이 학생은 분명한 감각과 분별력을 구하고 있다. 내면생활의 미로 속에서 새로운 출구와 방향을 찾고, 인식 가능한 경험의 분명한 경계(境界) 안에서 자신을 재발견하고 싶은 것이다.
이러한 혼돈은 아주 부정적인 자기 평가로 이어질 때가 많다. 많은 학생들이 자기 경멸과 심지어 자기 혐오를 막연히 경험하고 있다. 자존감을 잃은 채 알 수 없는 자아의 모습에 분노를 느끼고 있다. 알지 못하는 것을 사랑할 수는 없다. 잡다한 충동과 기분과 정서와 사고가 얽히고설킨 심연의 구덩이가 경험의 전부인데, 어떻게 그런 자신을 사랑할 수 있겠는가. 그 속에서 지배자가 아닌 피해자가 되어 있는 자신을 말이다. 이 혼돈 속에서 벗어나려는 한 학생은 이렇게 기도한다.

저 자신을 발견하고 아끼게 해주소서. 자신과 다른 사람들의 문제를 해결하고, 제가 가고 있는 방향을 더 정확히 보게 해주소서. 제가 과연 앞으로 가고 있는 건지 의문이 들 때가 있습니다. 그럴 수나 있는 건지 의아할 때도 있습니다. 저 자신에 대한 이런 회의를 없애 주소서. 아니, 그 회의와 자신감 부족의 실상을 바로 보게 하사, 그것을 벗어 버리는 과정을 통해 자신을 더 잘 알게 하소서. 이 회의와 자신감 부족이 제가 하는 많은 행동 속에서 튀어나오는 것을 볼 수 있습니다. 잘 감추고 있지만 감출수록 불안도 커집니다. 제 앞길을 미리 운명 짓는 이런 자의식에서 벗어나게 해주소서. 자신에게 하나의 정의(定義)를 강요하는 일은 이제 그만두게 하소서. 자연스럽게 생각하고 행동하게 하소서. 모든 사람을 존중하고 많은 사람을 사랑하며 일부 사람과 싸워야 함을 알게 하시고, 모든 인간은 제가 생각하는 것 이상의 존재임을 깨닫게 해주소서.

때로는 기도 자체가 거의 불가능한 경우도 있다. 타자(他者)에 대한 의식도 흐리고 중간에 막힌 것도 너무 많아서, 기도가 죄책감을 일으키며 점점 심한 부정적 자기 평가의 악순환으로 이어진다.

주님, 정말 기도할 마음이 아닙니다. 혼란스럽습니다. 모든 것이 혼란스럽습니다. 저는 내년에 제가 뭘 하고 있을지 모릅니다. 내년에 제가 뭘 하고 싶은지, 뭘 해야 할지도 확실히 모릅니다. 이럴 때만 주님을 찾으며 기도하는 것에 죄책감이 듭니다. 도움이 필요할 때만 기도하고 그렇지 않을 때는 기도하지 않는 위선자 같은 기분이 듭니다.

그러나 어디선가 한 줄기 가느다란 빛이 들고 있다. 아주 미미하여 눈에 잘 띄지 않을 뿐이다. 때로 기도의 태도에서 적으나마 타자에 대한 의식이 생겨날 수 있고, 그것이 자기 발견의 시초가 된다. 자아 도취적 넋두리가 아닌 이상 기도에는 내가 아닌 제3자가 개입한다. 바로 그 속에서 우리는 혼돈의 표현이 해답의 시초가 될 수 있음을 깨달을 수 있다. 그런 의미에서 기도란 타자와 거리를 두는 것이며, 그 기도 행위 속에서 하나님의 응답이 주어진다. 영적 어지러움과 자기 회의로 가득 찬 긴 기도 끝에 한 학생은 이런 짤막한 추신을 남겼다.

이것은 분명한 기도다. 이미 뭔가 결과를 나타냈기 때문이다. 생각하는 사이에 문제는 더 명료해지며 제자리를 찾는다. 물론 생각만으로 문제가 해결되지는 않겠지만 적어도 더 깊은 추후의 행동과 사고에 기초가 되는 것은 사실이다.

밝혀 주시는 하나님의 자기 계시가 여기 있다. 첫 단계는 혼돈을 벗어나는 것이다. 길이 보이기 시작한다. 인간은 제 발로 적어도 첫 걸음을 내딛을 수 있다. 새로운 차원의 에너지원이 곁으로 다가온다. 이 기도의 결과로 인간은 자기 힘으로 뭔가 할 수 있다는 기분을 맛본다. 이 학생의 추신은 앤톤 보이슨(Anton Boisen)의 확신에 대한 아름다운 메아리이다.

"나는 정녕 기도를 믿는다. 기도의 가장 중요한 기능은 하나님이 내게 원하시는 게 무엇인지 깨닫고 능력의 참 원천을 의지하게 해주는 것이라 믿는다. 그 힘을 통해 우리는 어떤 사명도 성취할 수 있다."[2]

기도는 우리 자신을 보는 눈을 뜨게 해주며, 하나님의 알려 주심을 통해 희망의 방향으로 한 걸음 나아가게 해준다.

2. 거부당하신 하나님

때로는 혼돈에서 헤어나는 길이 하나님을 벗어나는 길과 통한다. 괴로움만 더하는 하나님을 과감히 떨쳐 낸 후에 내적 안식과 조화를 발견하는 이들이 적지 않다. 하나님 없는 현재의 삶이 오랜 고통과 굴욕에서 벗어난 해방처럼 느껴진다. 이런 변화는 일종의 역(逆)회심의 체험으로서, 새로운 내적 자유, 자존감 증대, 새로운 희망 등 그 심리적 효과는 회심과 똑같다.

일부 학생들의 경우, 하나님으로 찌든 과거는 꼼꼼한 자기 반성, 죄책감, 벌에 대한 두려움, 감당 못할 책임, 부합 못할 기대의 기억으로 가득 차 있다. 마치 금지령의 벽에 둘러싸인 기분이었고, 하나님의 잔인한 전지전능과 편재에 자존감을 박탈당한 기분이었다. 하나님의 꿰뚫어 보는 눈에 비참하게 벌거벗은 모습으로 드러난 그들은 마치 자신의 가장 내밀한 정체마저 유린당한 사람들 같았다. 이런 사람들에게는 하나님을 살해하는 것이야말로 회심의 경험이요 자기 발견, 자존감, 자기 인식, 자기 긍정의 길이었다. 이들에게는 독재자 하나님을 거부하고 자기만의 개성을 탈환하는 용기가 필요했다.

그러므로 존재하지 않는 하나님, 거부당한 하나님께 드리는 기도는 엉뚱한 농담이 아니라 되찾은 낙원에 대한 깊고 진실한 표현이다. 불가지론과 기독교 신앙이 단지 종이 한 장 차이일 수 있음을 잘 보여 주는 기도이다. 하나님을 거부함으로써 마음에 두려움이 사라지고 새로운 평안을 얻는 것이다. 한 학생이 쓴 기도이다.

당신에게 말을 하긴 하지만 당신이란 존재는 '저 너머 어딘가에' 이전에도 없었고 지금도 없다는 생각을 떨칠 수 없습니다. 나는 당신을 잃었고 그 편이 훨씬 기분 좋습니다. 당신은 나를 짓눌러 나 자신이 되지 못하게 했기 때문입니다. 당신이 원하는 일이 무엇이며 당신이 요구하는 완벽한 상태가 무엇인지 언제나 그것만 생각하며 살아야 했습니다.

당신에게서 벗어난 뒤로 나는 좀 더 이기적이 되었습니다. 나 자신에게, 한 인간으로서 나의 발전에 많은 관심을 갖게 되었습니다. 아직도 완전해지고 싶은 마음은 있습니다. 그러나 나 자신을 위해서도, 당신을 기쁘게 하기 위해서도 아닙니다. 지금 중요한 것은 다른 사람들입니다.

이것은 엄연한 기도이다. 어떻게 이것이 기도일 수 있을까? 이것은 대화이다. 독백이 아니다. 독하지 않고 냉소적인 마음으로 경직되어 있지 않고 폐쇄되어 있지 않으며, 반응에 열려 있고 들을 의향이 있고 성장의 소지가 있다는 뜻이다. 이 학생의 기도는 이렇게 이어진다.

만일 내가 당신을 다시 찾는다면(다시 말하지만, 분명 나 자신은 거기에 열려 있습니다), 그것은 필시 다른 사람들 속에서 그리고 나 자신 속에 서일 것입니다. 혹 우리 각자 안에 담긴 최선의 부분이 바로 당신일지 누가 알겠습니까.

하나님은 이웃에게 선을 베풀려는 인간의 갈망에 걸림돌이 되었다. 타인에게 이르는 길이 되지 못하고 오히려 그 길을 가로막고 있다. 이런 하나님에게 드리는 기도는 비겁하거나 나약한 몸짓이 된다. 자신의 기도하는 태도에 담긴 모순으로 괴로워했던 한 학생은 하나님에게서 사람한테로 회심한 것을 이렇게 묘사한다.

기도해야 할 현실적 이유가 전혀 없는 것 같다. 나는 더 이상 기도하지 않는다. 하나님이란 존재가 있는지도 확신할 수 없다. 인간이란 자신의 야망과 노력 없이 아무것도 이루거나 받을 수도, 남의 것을 뺏을 수도 없다. 특정 상황에 관련된 사람들에게 감사하는 것이 하나님에게 감사하는 것보다 훨씬 타당한 것 같다.

하나님보다 더 중요한 존재가 있으니 곧 인간이다. 하나님 이야기는 고루하고 시시하고 허망하고 옳지 않다. 우리를 진짜 중요한 것에서 멀어지게 만든다. 새로 발견한 자유 속에서 한 학생은 이렇게 말한다.

교회에서 염려하는 시시콜콜한 문제들로 신경 쓰고 싶지 않다. 시간 낭비로 보일 뿐이다.

이 모든 기도 혹은 비(非)기도에서는 하나님이 자아에 이르는 길을 막고, 그 결과 타인에게 이르는 길을 가로막는 존재로 인식된다. 자기 발견을 위한 기도는 하나님에게 물러날 것을 요구하는 기도이며, 때로는 자유와 자아를 발견하기 위해 하나님을 강제로 밀어내는 기도이다. 이렇듯 인간은 자신의 존재에서 숨막히는 하나님을 거부함으로 혼돈에서 벗어난다.

3. 선배 같으신 하나님

학생들의 기도에서 만나는 선배 같으신 하나님은 거부당하신 하나님과 매우 대조적인 것 같다. 이 하나님과는 부담 없이 편안하게 이야기할 수 있다. 놀이 상대와 만병통치약의 특징을 절묘하게 합쳐

놓은 하나님이다. 언제나 온화한 미소로 어린 동생의 고민을 해결해 주는 힘센 형 같은 존재이다. 어깨를 툭툭 치며 함께 얘기할 수 있고, 자존감에 지원이 필요할 때면 자랑 삼아 내세울 수도 있다. 언제나 믿을 수 있고 문제 같은 것은 깨끗이 잊을 수 있다. 하나님이 싫은 기색이라곤 없이 곁에서 늘 도와주시기 때문이다. 다음은 선배 같은 하나님께 드리는 한 기도다.

주님, 요즘엔 신경 쓰이는 일이 참 많았습니다. 내년 일이 어떻게 될지 불확실한 것도 그렇고, 특히 대인 관계가 침체되어 더는 많은 사람들을 상대하지 않게 된 것도 그렇고요. 주님, 역시 저는 근본적으로 아주 불완전한 사람입니다. 주님, 사람들에게 좀 더 마음을 열고 좀 더 사랑하려고 꾸준히 노력할 수 있도록 도와주세요. 주님께서 원하시는 사람이 되게 해주세요. 법과 대학원과 아내를 잘 선택하게 해주시고, 직장도 너무 돈만 따지지 말고 잘 고르게 해주세요. 고향 친구들, 학교 친구들, 결혼하는 친구들, 베트남에 있는 친구들도 기억해 주세요.
주님, 이제 핸드볼 하러 나갈 시간입니다. 주님께 한 가지만 더 구하겠습니다. 내 믿음대로, 적어도 믿는다고 생각하는 대로 말이에요. 더 힘차게 살게 해주세요. 삶의 모든 사건과 특히 모든 사람을 진지하게 대하게 해주시고, 사건과 사람을 정죄하는 것이 아니라 이해하게 해주세요. 아셨지요?
추신: 저와 제 친구들을 위해 십자가에 달려 돌아가 주신 것을 감사 드립니다.

격의 없는 기도의 말투가 꼭 아빠 무릎에 편하게 앉은 아이의 말투 같다. 삶에 많은 문제가 있긴 하지만 깊은 문제도 아니고 큰 상처가 되는 것도 아니다. 기도하는 이의 마음에 거의 가 닿지 못하는 문제이다. 혼돈이 있다 해도 내면의 요동을 유발하지 않는 외면의 혼돈일 뿐이며, 만사가 곧 잘 풀리리라는 깊은 확신으로 도움만 청하면 해결되는 것들이다.

이런 태도는 윌리엄 제임스(William James)가 말한 '한 번 난 (once-born)' 정신 건강식(式) 종교와 비슷하다. 이는 "심령이 늘 하늘빛인 사람, 인간의 어두운 욕망보다는 꽃과 새와 황홀한 순수에 더 공감을 느끼는 사람, 사람에 대해서든 하나님에 대해서든 나쁜 것을 전혀 생각할 수 없는 사람, 기존 문제로부터 구원도 필요 없이 애초부터 종교적 희열을 소유한 사람"의 종교이다.[3] 윌리엄 제임스는 이런 "낙관론의 극을 달리는 한 번 난 철학 형태"[4]에 회의를 감추지 않는다. 그는 모든 악을 회심을 추구하는 인간의 일부로 인식하지 않고 무조건 외부로 귀속시키는 현상을 종교의 피상성이라 지적한다. 한 번 난 마음의 이런 피상성은 다음 기도에 잘 나타나 있다.

신이시여, 지금은 사태가 별로 좋지 않군요. 온 나라가 시끄럽습니다. 그렇다고 심각하게 생각해 본 건 아닙니다. 나한테 미칠 영향에 대해서 말입니다. 마틴 루터 킹은 꽤 멀리까지 갔더군요. 그는 민중 선동가였습니다. 뭔가 새롭고 색다르고 껄끄러운 것을 국민들 앞에 내놓았던 것이지요. 나도 잠시 멈춰 생각하게 됐습니다. 하지만 결론은 없어요. 우리의 이런 요지경 속을 신께서도 별로 좋아하실 것 같지는 않습니다. 하지만 여기서 벗어나도록 우리를 도와주시겠습니까?

여기서 놀라운 것은, 자신이 가담하지 않고 멀찍이 떨어져 있다는 사실을 이 학생도 스스로 어느 정도 알고 있다는 점이다. 그러나 자신의 책임감 부족을 막연히 알면서도 선배 같은 예수님에게서 해답이 나오기를 기대하고 있다.

앞의 두 기도를 좀 더 깊이 분석해 보면 진정한 희망을 거의 찾아

볼 수 없음을 알게 된다. 이들 기도는 아직도 소원을 비는 차원에 머물러 있다. 소원은 구체적이다. 즉 "구체적 대상과 명확한 내용이 있다."[5] 그 소원이란 지극히 구체적인 것을 바라며, 인격적 믿음의 차원보다는 산타클로스식 깜짝쇼 차원에 머무는 것이다.

선배한테 하는 듯한 이 두 기도는 소원으로 가득 차 있으며, 하나님이 곧 놀라운 기적의 선물로 인간을 깜짝 놀라게 해주실 것을 기대하고 있다. 그러므로 이것은 자기 인식, 자기 수용, 희망과는 아직도 거리가 먼 기도다. 거부당한 하나님께 드리는 기도와 정반대처럼 보이지만 혼돈과 희망의 연속선상에서 보면 거의 비슷하다. 이 기도에는 혼돈이 없지만, 그 이유는 문제를 직면해서가 아니라 문제를 외면하거나 자기 내면생활에 들어오지 못하게 했기 때문이다. 귀찮은 하나님을 떨쳐 버린 사람에게 있는 내면의 안식은 하나님을 놀이 상대로 삼는 사람의 부담 없는 태도만큼이나 피상적이다.

4. 너그러우신 하나님

이 모든 기도들의 연속선상에는 새로운 관점이 뚫고 들어오는 하나의 전환점이 있다. 뒤엉킨 혼돈도 아니고 평온한 안식도 아니지만 희망을 암시하는 뭔가 색다른 것이 등장한다. 아직은 막연하고 미미하고 희미하지만 분명히 알아볼 수 있다. 이 기도에는 반(反)영웅적 기도라는 명칭이 가장 잘 어울린다. 힘겨운 경쟁 세상에서 창의적 수동성을 구하는 기도이다.

이것은 학점을 성공의 척도로, 성공을 승진의 기반으로, 승진을 인간의 가치 기준으로 삼는 평범한 인간의 부르짖음이다. 스타가 되려는 욕망, 남다른 업적으로 숭배받으려는 욕망, 용감한 행위로 추앙

받으려는 욕망에 대한 항변이기도 한다. 이것은 너그러우신 하나님, 영웅적 순교를 요구하지 않고 연약한 인간을 끌어안기 원하시는 하나님께 드리는 기도이다.

아버지, 힘도 담대함도 겸손도 용기도 구하지 않겠습니다. 그것들은 그저 단어일 뿐입니다. 늘 열려 있어야 할 마음을 부질없이 짓누르고 옭아매는 단어들입니다. 이런 인위적 개념에 매달릴수록 실패만 더합니다. 결국 모든 단어와 모든 원칙이 공허한 울림 같기만 합니다. 이런 단어를 들을 때 제 삶은 하나의 과업이요 도전이 되고, 저는 언제나 실패합니다. '조금만 더 열심히 하자'는 생각이 저를 다그치지만 그래도 매번 실패입니다. 패배의 악순환은 끝이 없습니다. 교만한 인간들이 앞섰던 길이자 지금도 뒤따르는 길입니다.

어쩌면 이 좌절은, 멈추어 제 '짐'을 주님께 맡기라는 소리 없는 주님의 음성인지도 모릅니다. 과연 멈출 때마다 짐은 온데간데없습니다. 그렇게 가만히 있을 때 주님의 임재를 느낍니다. 제 힘으로 살려는 덧없는 부조리의 내면 깊은 곳에 흐르는 정적(靜寂)입니다.

주님께서 주시기를 기다리는 것 외에는 아무것도 구할 것이 없습니다. 그러나 저는 참을성이 없어 늘 구해야만 합니다. 아버지, 주님께서 항상 주시는 평안을 받을 수 있게 해주소서. 미동조차 없는 주님의 조화의 정적을 귀로 듣게 하소서. 수동적이 되게 하소서. 수용하게 하소서. 멈추게 하소서.

마치 떠들썩한 군중의 눈앞에서 금방이라도 균형을 잃어 가느다란 줄에서 떨어질 것만 같은 지친 서커스 단원의 기도처럼 들린다. 더 잘하고 더 열심히 노력하고 더 높이 오르라는 끊임없는 요구에 지칠 대로 지친 사람의 음성이다. 급변하는 세상을 따라잡을 자신이 없고 주변의 가중되는 무거운 짐에 눌려 쓰러질까 두려워하는 사람의 부르짖음이다.

기도하는 이 학생은 멈추기 원한다. 부드럽게 어루만져 주시는 너 그러우신 하나님의 손안에 모든 것을 맡기기 원한다. 안전한 품 안에 잠들기 원한다. 두려움 없이 부르짖기 원한다. 내려놓기 원한다. 차갑고 잔인하고 적대적인 세상을 잊은 채 경직된 근육을 풀고 오래오래 깊이 쉬기 원한다. 거창한 구호를 외쳐 대는 식의 기독교에서는 하나님의 명령에 자신의 삶을 바치려는 용감하고 영웅적인 젊은이들이 모든 미지근한 신자들의 귀감으로 떠받들어진다. 여러 면에서 이 기도는 그런 기독교와는 전혀 상반되는 모습이다. 많은 설교 강단에서 행해지는 자극과 도전, 즉 위험한 세상을 싸워 이기고 최선을 다해 내세의 영원한 보상을 얻어야 한다는 자극과 도전을 받는 인간의 다른 이면인 것이다.

그러나 이 기도에서 과거의 영웅주의에 대한 반작용만 보는 것은 짧은 시각이다. 여기서 우리는 새로운 신비의 핵—인간 집중력의 결과가 아니라 성령께 내어 드린 빈 자리의 결과인 그런 기도의 발단—을 찾을 수 있다. 반(反)영웅적 기도에서 빛나는 새로운 겸손의 자세를 인식할 때, 우리는 그 새로운 신비의 일면을 볼 수 있다. 그것은 작은 행복, 작은 아름다움, 삶의 작은 의미를 구하는 해맑은 기도이다. 한 학생은 이렇게 기도했다.

헛되게 살고 싶지 않습니다. 뭔가를 위해 살게 해주십시오. 저는 영웅이 아닙니다. 제게 영웅이 될 수 있는 조건은 아무것도 없습니다. 그러나 비겁한 자가 되고 싶지는 않습니다. 용기가 필요한 시점에 겁내고 싶지 않습니다. 뭔가를 하게 해주십시오. 제 나름의 조용한 비영웅적 방식으로 하게 해주십시오. 좋은 사람, 남과 다른 구별된 사람으로 기억될 수만 있다면 저는 인생을 탕진하지 않은 것입니다. 제 이 삶이, 제가 지구상에 존재하며 살다갔다는 그 사실이, 누군가에게 조금이나마 의미를 준다면 저는 행복한 사람입니다. 누군가에게 기억되게 해주십시오. 누군가를 돕게 해주십시오. 그저 또 하나의 인간으로 존재하지 않게 해주십시오. 저로 살게 해주십시오. 헛되게 살고 싶지 않습니다.

소박한 아름다움이 있다. 지친 모습은 그다지 눈에 띠지 않는다. 누군가에게 좋은 사람이 되려는 겸손한 갈망이 중심이 된다. 이런 기도는 대개 정화(淨化)의 체험을 통해 가능케 된다. 새로운 안식과 자유가 있다. 억압이나 회피의 결과가 아니다. 창조주 앞에서 인간의 자리란 중요하면서도 작다는 겸손한 인식에서 비롯된 것이다.

5. 아름다우신 하나님

우리는 혼돈을 벗어나는 여정에서 뭔가 새로운 것이 뚫고 들어오는 시점을 막 통과했다. 너그러우신 하나님께 드리는 기도에서 우리는 새로이 열린 마음과 새로운 감수성을 발견했다. '보이지 않는 세계의 실체'(윌리엄 제임스)와 창의적 관계를 맺을 여지가 있는 곳이다. 아직도 감시자 하나님에 대한 저항이 다분하지만, 너그러운 이해에 대한 부르짖음은 새로운 체험에 감각을 연다는 뜻이기도 하다.

이제 우리는 민감성에 대한 애틋한 간구라 볼 수 있는 새로운 기도에 이른다. 이 기도에서 학생들은 실체를 만나고 주변 세계를 깊이 경험하며 생명의 절대적 원천과 합일을 느끼기 원한다. 연합을 구하며 고통스런 소외감에서 해방되기 원한다. 자신의 고독 이면에 있는 것을 만지고 맛보고 냄새 맡고 듣고 보며, 하나님의 표현 못할 아름다음에 자신을 드리기 원한다. 이것은 아름다우신 하나님께 드리는 기도다. 감각적 의미에서 아름답다는 뜻이다. 절정의 희열 속에 분석의 거리(距離)가 무너지면 하나님은 하나의 신체적 체험이 된다. 이런 기도의 배경이 된 소외가 다음 기도에 아주 잘 표현되었다.

수업 시간에도 혼자
친구들과 함께 있어도 혼자
떠미는 군중 속에서도 혼자
모든 것을 빨아들이는 이 조가비가 머물 곳은 어디인가?

세상엔 삶이 없다. 친구도 더는 없다.
나무도, 미끈미끈한 나뭇잎도, 아이들도
모두가 딴 세상 같을 뿐.
저만치 있는 그들. 나만 따로 있다.

소외에서 벗어나 존재의 태내(胎內)로 다시 뛰어들고 싶은 욕구의 간절한 부르짖음이다. 이런 기도는 마치 미국 인디언들의 기도 같다. 그들은 세상의 정복자가 되거나 하나님의 이름으로 피조물을 지배하려 하지 않았다. 자연과의 합일을 통해 창조적 생명력의 일부가 되려고 했다. 그들은 탈을 통해 사람의 얼굴을 도마뱀이나 뱀의 몸과 연합시켰고, 의식(儀式)을 통해 자신의 위치를 자연의 한 형제로 인식하려 했다.
  머리를 아무렇게나 기르고, 옷차림을 되도록 편하게 하고, 아름다운 것들과 아름다운 이들에 대해 얘기하고, 마약의 힘으로 환각과 환청이 부드러운 손길로 반겨 주는 수동적 상태에 빠져드는 일부 학생들에게서 그와 똑같은 열망을 볼 수 있다. 요지는 기술 사회의 메마른 정서에서 벗어나고픈 열망이다. 실체의 신비한 힘과 접촉을 단절한 채 권태만 안겨 주는 피상적 사회가 싫은 것이다. 거기서 이런 새로운 기도가 나온다.

실체를 보게 하소서. 실체를. 나무 밑에 누워 풀잎과 하늘과 바람을 즐기게 하시고, 단순하면서도 깊이 있는 선명한 감정을 지니게 하시며, 열린 마음으로 생각을 무한히 펼치게 하소서. 도약하게 하소서.
 진심으로 손잡게 하시고, 아름다움을 느끼게 하시며, 관계와 기쁨과 만족과 슬픔과 절망과 탈진을 경험하게 하소서. 사상과 이상과 우리 자신을 가까이 느끼게 하소서. 나라와 인간과 세상의 일부가 되게 하소서. 스스로 자초한 소외와 깊은 절망을 딛고 일어나 다시 한 번 주님과 가까워지게 하소서. 이런 것들이 우리가 붙잡을 수 있는 것이요 실체요 경험입니다. 주님, 이것이 우리의 기도입니다. 깨우쳐 일어나 직시하고 이해하며 사랑하게 하소서.

해체되고 부서진 현실에 직면한 현대 대학생의 가장 깊은 열망이 어느 기도보다도 잘 표현되었다. 자신의 위치를 찾아야 할 장(場)인 그 현실이 마음을 끌기보다는 오히려 위협으로 다가온다. 순수한 동기로 감각을 순화하려 하지만 과연 자신의 몸을 믿어도 되는지, 자신의 감각에 현실 인식 능력이 있는지 회의가 든다. 그러나 감수성의 촉각이 살아나는 순간 그는 새로운 전율에 휩싸인다. 다음은 어느 여학생의 기도이다.

듣게 하소서… 얇은 벽 너머 옆방에 사는 이들의
 괴상하고 요란한 자명종 소리를.
보게 하소서… 강의실에 함께 가려고 나를 기다린 친구를, 그리고
 나도 모르게 또 실수를 저지를 때 그 얼굴에 스쳐 가는 표정을.

냄새 맡게 하소서… 겨울이 지나고 햇살이 따사로울 때,
꽃들이 피어나고 풀잎이 촉촉할 때, 봄 아침의 그 싱그러움을.
느끼게 하소서… 오후의 상큼한 소나기를, 아기 오리의 뽀송뽀송한
깃털을, 발가락 사이의 모래를, 부드러운 입맞춤의 전율을.
맛보게 하소서… 간식이나 식사만이 아니라 인생의 달고 쓴맛을,
그리하여 흥하든 보기 좋든, 건강하든 상처가 있든,
나의 모든 것을 다해 있는 그대로 사람들을 사랑하게 하소서.

새로운 삶, 새로운 아름다움, 새로운 활력의 경험으로 가득 찬 학생이다. 이런 학생들은 존재하는 모든 것에 '예'라고 대답하며, 자신의 연약함을 겸허하게 인식하는 가운데 아름다운 하나님의 광채에 자신을 연다. 거기로 새로운 희망의 빛줄기가 흘러 든다.

6. 주시는 하나님

반(反)영웅적 기도는 작은 것의 가치를 처음으로 어렴풋이 인식한 기도이다. 너그러우신 하나님께 드리는 이 기도에서 창의적 수동성이 모습을 드러낸다. 한편, 바로 앞에 소개한 두 기도는 아름다운 하나님과 하나 되어 새로운 일체감과 소속감을 느끼려는 깊은 갈망을 잘 보여 준다. 이제 우리는 이 분석의 출발점이었던 혼돈의 마음 상태와는 상당히 멀어져 있지만, 기독교적 희망이라 할 수 있는 것에는 아직 이르지 못했다.

실체에 깊이 녹아들고 싶어 감수성을 구하는 기도는 많은 의미에서 여전히 고독하게 소외된 사람의 기도이다. 합일과 동화와 소속의 필요는 대개 퇴행적 충동인 경우가 많다. 퇴행적 충동은 기도하는 자신과 자신의 주변 세계, 자신과 타자, 자신의 약함과 하나님의 힘 사

이의 차이를 수용하지 못한다. 소속의 추구는 실은 자기만의 독특성에 대한 두려움, 자아의 개성 수용에 대한 저항인 경우가 많다. 따라서 기도하는 이는 아직 분명한 자아 정체감이 없다. 감수성을 구하는 기도는 다분히 자기에게 몰입된 기도이다. 이때의 하나님은 '주시는 타자'이기보다는 보호 수단의 의미가 더 크다.

물론 어디까지나 정도 차이일 뿐이지만, 아름다우신 하나님께 드리는 기도에서는 하나님을 자유로이 주실 수도 있고 주시지 않을 수도 있는 타자로 인식하기 어렵다. 하나님은 언제나 선택의 여지없이 위안을 베풀어야 할 온정의 출처에 더 가깝다. 그러나 하나님을 자유로이 주시는 타자로 인식할 때 인간은 감사할 수 있다. 감수성은 하나님의 선물을 누리는 조건이지만, 감사에는 주는 이와 받는 이 사이의 엄연한 거리를 인정하는 태도가 함께 있다.

감사할 수 있을 때 인간은 자신의 한계를 알되 방어할 필요가 없고 자신감을 품되 교만하지 않을 수 있다. 자신의 능력을 수용하면서도 동시에 도움이 필요함을 고백할 수 있다. 진정한 의미에서 감사란 소유적 태도와 종속적 태도를 다 버리는 것이다. 그것이 "나는 너에게 감사한다"고 말할 수 있는 자유인의 행위다. 여기서 너와 나는 서로의 자아를 잃지 않고도 친밀한 관계에 들어갈 수 있는, 별개의 정체를 지닌 별개의 두 인격이다. 자유로운 감사 행위에는 친근감과 거리감의 세심한 균형이 필요하다. 친근감이 지나치면 자아 말살과 의존에 빠질 수 있고, 거리감이 지나치면 방어적 교만으로 자신을 과대평가한다.

학생들의 기도를 보면, 감사를 표할 만한 거리감이 남지 않을 정도로 자기 중심적이거나 자기 문제 일색이거나 동정과 보호를 구하는 기도가 많다. 그러나 새로운 자유가 모습을 드러내는 예외적인 경우도 있고, 그런 기도는 감사의 찬송이 된다.

주님, 삶과 사랑과 사람을 인해 감사 드립니다.
사랑하는 주님, 아름다운 날과 꽃들과 새들과 가족들과 친구들과
저 자신을 인해 감사 드립니다.
전에 있었던 모든 일을 감사 드리며
앞으로 있을 모든 일을 받아들입니다.

감사할 때 인간은 개방되어 밖으로 나아간다. 혼돈 속에 있을 때는 내면세계의 얽힌 실타래를 풀고자 모든 관심이 안으로 집중되어 감사할 여지가 거의 없다. 인간은 혼돈 속에서는 자신에게 매달리지만, 감사할 때는 새로운 활력과 새로운 삶과 새로운 사랑의 근원을 향해 두 팔을 뻗는다. 그렇다면 감사는 슬픈 세상에서도 가능한 것이다. 한 학생은 긴 기도를 이렇게 마무리한다.

주님께 감사하다는 말 외에 무슨 말을 할 수 있을까요? 힘겨운 삶의 와중에서도 이렇게 좋았던 적은 없습니다.

이렇듯 감사는 현재의 우울을 떨쳐 내고 희망을 가져다 줄 수 있다.

7. 오시는 하나님

많은 학생들에게 기도 모음집을 읽고 소감을 말해 줄 것을 부탁한 결과, 거의 만장일치로 매력을 느낀 기도가 있었다. 이것을 오시는 하나님께 드리는 기도라 부르고 싶다. 다른 기도들에 표현된 강한

부정적·긍정적 감정들도 일부 학생들의 공감을 얻기는 했지만, '소망'이라고 제목 붙인 이 기도의 형식과 내용에 담긴 태도는 처음부터 가장 매력 있고 가장 현대적이면서도 가장 기독교적인 것으로 인정받았다.

나는 소망합니다.
    내가 누구를 대하든 그 사람에게 꼭 필요한 존재가 되기를.
나는 소망합니다. 타인의 죽음을 볼 때마다 내가 작아질 수 있기를,
    그러나 나 자신의 죽음이 두려워 삶의 기쁨이 작아지는 일이 없기를.
나는 소망합니다. 내 마음에 드는 사람들에 대한 사랑 때문에
    마음에 들지 않는 사람들에 대한 사랑이 줄어들지 않기를.
나는 소망합니다. 상대가 나에게 베푸는 사랑이
    내가 그에게 베푸는 사랑의 기준이 되지 않기를.
나는 소망합니다. 모두가 나를 있는 모습 그대로 받아 주기를,
    그러나 나 자신만은 그렇지 않기를.
나는 소망합니다. 언제나 남들에게 용서를 구하며 살기를,
    그러나 그들의 삶에는 나에게 용서를 구할 일이 없기를.
나는 소망합니다. 사랑하는 여자를 만나게 되기를,
    그러나 그런 사람을 애써 찾아다니지는 않기를.
나는 소망합니다. 언제나 나의 한계를 인식하며 살기를,
    그러나 그런 한계를 스스로 만들어 내지는 않기를.
나는 소망합니다. 사랑하는 삶이 언제나 나의 목표가 되기를,
    그러나 사랑이 내 우상이 되지는 않기를.
나는 소망합니다. 모든 사람이 언제나 소망을 품고 살기를.

혼돈과는 거리가 먼 모습이다. 견고한 터 위에 서서 미래를 내다보는 사람의 고백이다. 그는 자신의 현 위치를 알고 있으며 다가올

앞날을 기대의 눈빛으로 바라본다. 이 기도의 구조와 사고에는 강한 자신감과 깊은 겸손이 절묘하게 어우러져 있다. 성숙한 그리스도인이 취해야 할 자세의 근본 역동을 멋있게 보여 주는 기도이다.

혼돈에 빠진 학생들의 기도에서 볼 수 있는 고통스런 자기 몰입에 비할 때, 이 기도에는 자기 인식과 자기 수용이 물씬 배어 난다. 분명하지만 경직되지 않은 개인의 성품을 엿볼 수 있다. 이 희망의 태도에서 우리는 이미 질서가 잡혀 있으면서도 언제나 자신을 고칠 준비가 되어 있는 한 인간을 본다.

거부당하신 하나님께 드리는 기도에 비할 때, 이 기도에는 부정적 회심에서 비롯된 인위적 안식이 없고 오히려 방어가 필요 없는 자유로운 대화가 있다. 소망이 있을 때 하나님은 방해꾼이 아니라 사랑에 이르는 길이 된다.

선배 같으신 하나님께 드리는 기도에 비할 때, 이 기도에는 안이한 낙관론도, 단순한 소원 성취식 사고도 없다. 여기 표현된 소망은 장난감을 바라는 소원처럼 미리 정해진 것이 아니라 지극히 인격적 차원의 것이다. 오시는 하나님께 드리는 기도는 단순한 청탁이 아니라 점점 깊어지는 인격과 인격의 관계에 자신을 여는 것이다. 이것은 두 인격에 기초한 것으로서 결코 강요될 수 없는 일이다.

너그러우신 하나님께 드리는 반(反)영웅적 기도에 비할 때, 이 기도에는 사회의 지나친 요구에 대한 반감이나 지친 마음이 없다. 소망이 있을 때 인간은 좌절한 과거에 반응하지 않고 약속의 미래를 지향한다.

아름다운 하나님께 드리는 기도에 비할 때, 이 기도의 주인공은 별로 소외되어 있지 않고 훨씬 침착하다. 하나님과 합일을 이루려는 갈망 대신 자신의 정체를 강화하려는 갈망이 있다. 소망이 있을 때 인간은 하나님의 보호의 품 안에서 자기를 잃은 채 증발을 꿈꾸지 않는다. 오히려 자신의 독특성을 창의적 가능성으로 인식한다.

주시는 하나님께 드리는 기도에 비할 때, 이 기도에는 감사가 표면에 명시되어 있기보다는 항상 밑바닥에 전제되어 있다. 삶이 선물이며 그 안에 끝없는 약속이 담겨 있다는 깊은 인식이 없이는 진정한 소망이란 불가능하다.

이렇듯 오시는 하나님께 드리는 기도에는 자기 인식과 자기 수용의 자세인 희망의 태도가 담겨 있다. 그런 태도가 있을 때 인간은 살아 계신 하나님과 창조적 대화에 들어설 수 있으며, 언제나 과거를 뒤로한 채 미래를 향해 나아갈 수 있다. 미래를 고갈되지 않는 새 생명의 근원으로 경험하는 것이다.

지금까지 우리는 학생들의 기도 생활이라는 친밀한 영역을 엿보려 했다. 이 연구는 학생들이 자원하여 기도를 글로 쓰고 평가를 의뢰했기에 가능했다. 모아진 전체 기도를 혼돈을 벗어나 성숙한 희망으로 나아가는 과정으로 본 까닭은, 학생들이 드린 각기 다른 기도에 '좋다' 혹은 '나쁘다'는 딱지를 붙이고 싶지 않았기 때문이다. 삶의 의미와 각자 자신이 의미하는 하나님을 추구함에 있어 각 학생의 현 위치가 어디인지 이해하고 싶었을 뿐이다. 하나님을 일곱 가지 다른 모습으로 구분한 것은 다소 인위적일 수 있지만, 자신과 자신의 신앙의 하나님께 더 가까이 다가가는 인간의 친밀함의 이동을 좀 더 쉽게 알아보려는 의도였다.

4 캠퍼스 오순절 운동

"**건**강한 것인가, 위험한 것인가? 권해야 할 일인가, 피해야 할 일인가?" 이는 일부 대학 캠퍼스에 오순절 운동이 생생한 현실로 나타난 후, 외부 관찰자들은 물론 수많은 적극 가담자들이 가졌던 의문이다.

방언의 은사를 체험하고 성령의 '진정한 임재'를 느끼고 감정의 새로운 세계가 열린 많은 학생들이 자신의 변화를 다음과 같은 식으로 고백했다.

"놀라운 경험이다. 새롭고 독특하며 기쁨과 평화가 충만한 세계다. 나는 달라졌다. 분명한 사실이다. 헌신한 자만이 내 말을 진정으로 이해할 수 있다. 오랫동안 고민해 온 많은 문제들이 빈 껍데기 스러지듯 깨끗이 사라졌다. 무거운 짐은 깃털처럼 가벼워졌고 적대적 태도는 깊은 동정으로 바뀌었다. 한때 두렵던 사람들이 이제 친구가 되었다. 미웠던 사람들이 사랑의 대상이 됐고 나를 지배하던 사람들이 동반자가 되었다. 하나님께서 내게 새로운 방식으로 말씀하셨다고 분명히 믿는다."

그러나 동일 학생들이 아래와 같이 감정의 이면을 털어놓을 때가 있다.

"모두가 사실일까? 이것이 진짜 나인지 잘 모르겠어. 딴 세상 같아. 너무 거창해서 현실 같지 않아. 기도회가 끝나고 나 혼자 있노라면 간혹 외롭고 우울할 때가 있어. 오래 갈까? 잠깐 이러는 것인지도 몰라. 이러다 문제가 다시 도지겠지. 나한테 정말 유익한 것인지 잘 모르겠어."

이런 이중적인 감정은 이 학생들을 지켜보는 사람들의 경우도 마찬가지이다. 이들은 학생들이 함께 기도하고 찬송하며 성경 읽는 모습을 본다. 행복과 기쁨과 새로운 확신을 얻은 모습도 본다. 그러나 그것이 얼마나 현실성 있고 건강한 것인지 의구심이 든다. 바로 곁에서 일어나는 일이라 객관적으로—무조건 거부하거나 조롱하지 않고, 또 무비판적으로 열광하지도 않고—이해할 만한 거리를 두기란 매우 어렵다.

이 장은 정직한 평가를 돕고자 이 문제에 관련된 몇 가지 이슈를 나름대로 정리해 본 것이다. 나 자신의 관찰 및 학생들과의 토의 외에 킬리언 맥도넬(Kilian McDonnell, O.S.B.)의 "오순절 운동이 교회 통합에 미치는 의의"[1]라는 연구를 참조했다. 주제를 세 가지 관점에서 접근하고자 한다.

역사적 관점

오순절 운동은 본래 경제적 지위가 낮은 사람들 사이에서 시작되었으며 의식을 중시하지 않는 교단들(하나님의 성회 등)과 밀접한 관계가 있다. 그러나 1955년 이후 오순절 운동의 새로운 물결은 더 비중 있는 단체들로 파고들어 많은 지식인을 사로잡았고 차차 루터 교회와 감독 교회 등 의식을 중시하는 교단에도 뿌리내렸다.

인류학자 팀과 공동으로 오순절 운동의 성장을 연구해 온 맥도넬은 이 분야에서 가장 해박하고 식견 있는 신학자일 것이다. 오순절 운동을 '기독교 전통상 가장 급성장한 운동'[2]으로 보는 그는 이런 질문을 던진다.

"신학적 내용과 전통이 풍부한 우리의 예배 의식이 신자들에게 전도의 시급성을 제대로 전하지 못하는 이때에 어떻게 내용이 빈약한 오순절 교회가 사도적 교회의 맥을 이을 수 있는가?"

우리의 예배 의식은 공동체 의식을 길러 주고 있는가? 함께 행하고 기도하고 듣고 노래하고 슬퍼하는 교회라는 구속받은 무리의 진정한 공동체를 세워 가고 있는가? 천주교의 경우, 로마 의식의 아름다움(표현의 절제, 장엄한 분위기, 객관화된 명료한 언어, 정해진 공식과 굳어진 틀, 초국가적 접근. 이런 열거는 마치 적[敵]이 작성한 목록 같다)에 도취하여 안주하고 있는 것은 아닌가? 표현의 절제와 객관적 언어는 모든 예배 장면과 모든 문화 정황에 일괄적으로 강조할 덕목이 아닐 수도 있고, 빈곤 속의 장엄한 분위기는 차라리 형벌일 수 있으며, 초국가적 접근도 실은 로마 의식에 대한 일종의 제국주의일 수 있다. 그럼에도 이런 사실을 인식하지 못하고 있는 것은 아닐까?

많은 나라에서 오순절 교회는 가장 빠르게 성장하는 기독교단이다. 왜 그럴까? "물론 그 답에는 많은 요인이 들어 있지만 이것만은 분명하다. 우리의 예배 의식은 실패했다는 것이다."[3] 맥도넬은 심지어 "사도 바울도 틀에 박히고 고리타분한 우리의 예배 의식보다는 오순절 집회의 자유로운 열기에 더 편안함을 느끼지 않을까"[4] 하고 생각한다. 한 가지 분명한 사실이 있다. 오순절 기도회에 대한 대학 캠퍼스의 관심 급증은 오랫동안 묻혀 있던 학생들의 좌절과 절박한 필요가 학생들 세계에서 꽤 이례적인 행동 형태로 돌연 분출된 현상이라는 것이다.

1920년대와 30년대의 천주교 대학교는 어떤 모습이었을지 쉽게 상상이 안된다. 존 오하라(John F. O'Hara)가 교목이었을 당시의 노트르담 대학교에 대해 조지프 호프만(Joseph Hoffman)은 이렇게 말한다.

"오하라는 미국 천주교계에서 노트르담의 입지를 천주교 신앙의 바른 터전으로 확실히 굳혀 놓았다. 그의 목표는 예배, 성찬, 기도, 성사(聖事) 등 구체적이고 분명했다. 성탄절, 부활절, 어머니날, 시험 기간 전에는 반드시 9일 간의 기도 시간이 있었다. 각종 예배와 기도회와 특별 집회가 있었고 모두 인기가 높았다. 신입생 때부터 이런 삶을 훈련시켰다. 오하라는 '종교 회보'(학생들 못지 않게 캠퍼스 밖에서도 널리 익힌 신문 형식의 영성 독본)를 통해 학생들의 문제점을 지적하고 신앙 성장의 길을 제시했다. 그 밖에도 이 회보에는 종교 행사 광고, 시사에 대한 영적 해석, 성품 개발의 지침, 짧은 설교가 실렸다. 학생들의 잘못된 행동을 바로잡아 주고 어려운 질문에 답변하는 역할도 빼놓을 수 없었다. 그는 늘 학생들의 신앙 생활을 조사하여 통계 자료를 발표했으며 학생 사회의 속도와 의식 구조를

예리하게 간파했다. 그의 사역은 대성공이었다."⁵⁾

그러나 지금은 상황이 완전히 달라졌다. 지금의 대학은 학생들이 4년 세월을 기도와 스포츠와 친교와 과외 활동에 파묻혀 한가하고 태평스레 보내는 곳이 아니다. 오히려 야망에 불타는 경쟁적 기관이다. 오늘날 많은 학생들이 4년의 대학 생활을 적자생존의 경쟁으로 생각한다. 세계 최초의 인공위성 스푸트니크(Sputnik) 호 발사 이후 교육 혁명의 시기를 맞아 이제는 실력이 키워드가 되었다.

그러나 경쟁은 대가를 요구한다. 대부분의 학생들은 도전에 맞서 새로운 압박을 창의적으로 유익하게 활용할 능력이 있다. 그러나 그렇지 못한 학생들도 많다. 오히려 걷잡을 수 없는 불안과 긴장에 휩싸여 쓰라린 고독을 맛보는 경우도 많다. 겉으로는 잘 적응하는 듯하지만 이면의 실상은 불안과 고독이다. 이웃을 친구라기보다는 경쟁자로 인식하는 극도의 고독한 인간들이 넘쳐 나는 곳이 오늘날의 대학 사회다. 많은 이들에게 룸메이트는 이방인이요, 급우는 위협 요소이다. '믿을 것은 하나님과 나 자신뿐'이라는 생각이 가장 안전해 보인다. 지식은 무기가 된다. 학교에 남고 군대를 피하고 친구를 얻고 출세하는 것도 다 지식이 있어야 된다. 교회는 이제 별 도움이 안된다. 재평가와 엄격한 자기 비판의 시대를 맞아 해답보다는 의문을 더 많이 안겨 주는 곳이 교회이다. 요동하는 세상에서 든든한 기반을 찾는 인간에게 교회는 안전한 집이 아니라 오히려 깊은 불안을 심어 주고 있다.

이런 상황을 감안할 때 우리는 오순절 운동을 하나의 부흥, 즉 헌신적 교회의 부활로 볼 수 있다. 심지어 억압된 감정의 복수라 볼 수도 있다. 오순절 모임에 들어가면 갑자기 '전형적'인 대학생과는 사뭇 거리가 먼 장면에 맞닥뜨리게 된다. 학생들은 성령의 은사로 고독과 불안을 이긴 체험을 회중 앞에서 간증한다. 친구라곤 하나 없이 늘 불안하던 사람이 자신의 가장 깊은 생각과 갈망을 동료 인간들 앞에 자유로이 털어놓는다. 오랫동안 고민해 온 난감한 문제들이 성령 충만으로 깨끗이 사라진다. 슬픔이 기쁨으로, 불안이 평안으로, 절망이 내적 만족으로, 소외감이 일체감으로 바뀐다.

비교적 서로 거리를 두고 지내는 캠퍼스에서, 이들은 가장 내밀한 생각을 나누고 대화의 장벽은 무너진다. 신체 접촉을 거의 하지 않았던 남자들이 서로 스스럼없이 끌어안고 손을 잡는다. 어깨와 머리에 손을 얹고 큰소리로 상대방을 위해 기도해 준다. 깊은 영적 충동에 자유로이 이끌리며 절정의 환희와 행복 속에서 그 충동에 순응한다. 새로운 감정은 너무 깊고 강렬해 인간의 개념이나 말로는 표현이 안 된다. 다양한 어조와 강도의 환호성으로 터져 나올 뿐이다. "주 여호와여, 나는 말할 줄을 알지 못하나이다" 하고 고백한 예레미야처럼 전폭적 헌신과 찬양의 기도가 나오기도 한다. 전에 알지 못하던 행복과 개방과 기쁨이 손과 눈과 입에서 솟구친다. 학생들은 유쾌한 찬송의 리듬에 맞추어 몸을 들썩이거나 오랜 묵상의 침묵에 잠긴다. 자신의 전 존재로 새로운 열기가 퍼져 나가는 것을 느끼는 이들도 많다. 그만큼 변화는 강렬하다. 손에서 새로운 능력이 나온다. 부드럽고 잔잔한 미풍이 살갗을 어루만진다. 눈물과 땀으로 환희와 행복이 터져 나온다. 뜨거운 기도는 전폭적 헌신과 완전 탈진의 황홀하고 뿌듯한 체험으로 이어지기도 한다.

성령이 오셨다. 구하는 자는 받을 것이요 하나님이 낯선 분이 아님을 느낄 것이다. 그분의 달콤함을 다시 맛보고 그분의 부르심을 다시 들으며 조건 없이 영육의 전 존재로 그분을 사랑하게 된다.

심리학적 관점

이 새로운 운동을 어떻게 평가할 것인가? 물론 이것을 헌신적 교회의 부흥이요 냉담하고 경쟁적인 세상에 나타난 억압된 종교 의식의 반작용이라 볼 수 있다. 그러나 이것은 건전한 것인가, 병적인 것인가? 치유하는 것인가, 해로운 것인가? 한마디로 답하기란 매우 어렵다. 다만 몇 가지 도움 될 내용은 생각해 볼 수 있다.

치유하는 것인가, 해로운 것인가? 이 체험에 헌신한 많은 이들이 정신적·영적 고통에서 아주 급작스레 엄청난 해방을 맛보았다는 사실은 의심할 여지가 없다. 몇 년씩 고생하던 문제들이 한순간에 사라지며 견디기 힘든 무게가 없어졌다. 여기서 질문해야 할 것은 이것이다. 문제가 풀린 것인가, 묻힌 것인가? 진정한 내면의 갈등이 해결된 것인가 아니면 새로운 체험의 막강한 위력에 잠시 가려진 것인가? 인위적으로 유발하는 감정 체험인 전기 충격이 수년 동안 우울병을 덮어 줄 수는 있지만 치유하지는 못한다는 것을 우리는 잘 안다. 한동안 문제를 망각하게 할 수는 있지만 실은 인간의 치유 역량을 사용하지 않음으로써 오히려 치유 과정을 지연하는 것이다. 오순절 체험의 기적적 효과가 어떤 면에서 충격 요법과 같지 않은지 한번쯤 생각해 볼 필요가 있다. 젊은 남녀가 깊은 정신적 고통에서 순식간에 해방을 느낀다면, 사실 그것은 인간 내면의 문제 해결 능력을 무력화하는 일일 수 있다. 나중에 고통이 재발하면 전보다 더 큰 낙심에 빠질 수 있다.

수면제를 먹으면 분명 잠은 오겠지만, 그렇게 함으로써 우리는 안정을 되찾는 체내 능력을 말살시킨 채 외부 힘에 의존하는 존재가 될 수 있다. 많은 경우 오순절 체험은 갑작스런 자유, 갑작스런 우정, 갑작스런 행복과 기쁨을 가져다 준다. 그러나 그것은 지속적으로 의미 있는 우정을 가꾸어 가며 일상의 행복을 누리고 좌절을 견뎌 낼 수 있는 내적 능력의 점진적 발달을 저해하는 요인이 될 수도 있는 것이다. 수련회나 부흥회 도중 내면 깊은 신앙 체험을 맛본 사람이라면 누구나 고백할 만한 사실이 있다. 당장은 많은 고통에서 벗어나지만 진짜 시험은 나중에, 말하자면 의지할 감정과 기댈 체험이 전혀 없을 때 찾아온다는 것이다. 하나님이 느껴지지 않고 벌거벗은 믿음만이 우리의 전부인 광야의 시험이 기다리고 있다.

오순절 체험으로 일부 심각한 문제가 (때로는 영영)사라질 수도 있지만, 깊은 정신적 아픔까지 치유될 수 있을지는 극히 의심스럽다. 그저 아픔을 살짝 덮어서 진정한 치유의 시도를 지연시키는 일에 지나지 않을 수도 있다.

위험할 수도 있는가? 많은 이들, 어쩌면 대다수의 경우 오순절 체험을 위험하다고 보기는 어렵다. 오히려 어느 정도까지는 유익할 수 있다. 수련회 같은 종교 행사를 통해 오순절 체험과 유사한 내적 감정을 이미 겪어 본 이들에게는 특히 그렇다. 그러나 일부 사람들에게 이것은 위험한, 매우 위험한 일이다.

먼저, 강렬한 감정 유발은 준비되지 않은 이들에게는 언제나 심각한 상처와 피해를 입힐 수 있다. 기독교는 전통적으로 준비의 중요성을 강조하는 종교다. 그리스도께서는 오랜 세월 그 백성을 준비시키신 후에야 비로소 세상에 오셨다. 우리는 강림절과 사순절을 지낸 후에야 각각 성탄절과 부활절을 맞이한다. 사도 바울은 아직도 영적 젖이 필요한 그리스도인들과 단단한 음식을 먹을 준비가 된 그리스도인들을 구분하고 있다. 신비주의 전통에서는 하나님과 친밀한 관계에 들어가려면 먼저 영혼이 순결해야 하며 준비 없이 하나님의 능력을 맛보는 일은 위험하다고 말한다.

일례로 몇몇 학생들은 심각한 불안과 혼돈 증상을 보였다. 새로운 감정에 휩싸여 현실 감각을 상실한 것이다. 더는 공부도 할 수 없었고 일상 생활에 집중할 수도 없었다. 그저 남들과 나누어야 한다는 집요한 충동뿐이었다. 심신에 탈진 증세를 보이며 신체적·정신적 붕괴의 선을 넘나드는 학생들도 있었다. 정신과적 반응으로 발전할 수 있는 위험한 경우로, 그런 증세를 치유하려면 입원해서 정신과 의사의 특별한 도움을 받아야 한다. 물론 흔치 않는 경우지만 간과할 수 없는 우려 요인이다.

둘째, 성령의 은사를 받기를 간절히 원하되 그런 체험에 도달하지 못하는 이들이 있다. 이들은 의문에 빠진다. 남들은 저렇게 행복한데 나는 왜 그렇지 못할까? 남들은 방언을 하는데 나는 왜 안될까? 남들은 서로 거리낌없이 부둥켜안는데 나는 왜 그럴 수 없을까? 이전 어느 때보다도 자신이 주변인으로, 심지어 버림받은 사람으로 느껴지는 것이다. "나는 어디가 어때서 은사를 못 받는 것일까?" 이런 고민은 죄책감과 우울로 발전할 수 있다. 많은 이들이 전보다 더 고독에 빠질 수 있다. 구해도 받지 못하는 이들에게 오순절 운동은 심각한 위험을 야기할 수 있다.

운동의 지도자들에게 막중한 책임이 있다. 감정에는 세심한 감독, 세심한 지도, 세심한 관심이 필요하며 종교적 감정도 예외가 아니다.

공동체를 창출하는 것인가? 누가 그 사실을 부정하겠는가. 참가자들이 서로 자유롭고 편하게 대하며 함께 이야기하고 노래하고 기도하는 모습이야말로 보는 이들에게 진정 새로운 공동체가 형성되고 있다는 확신을 주기에 충분하다.

그러나 몇 가지 문제점도 있다. 수줍음과 거리감의 장벽이 갑자기 무너지면서 많은 사람들이 자신의 프라이버시를 털어놓았다. 동료에게 자아의 가장 깊은 부분을 내보이며 속내를 열어 보였다. 제약과 억압을 스스로 벗어버린 채 다른 이들에게 자신의 가장 내밀한 감정과 사상과 생각을 나누었다. 어떻게 보면 자신의 인격을 친구들에게 흡수시킴으로 타자(他者)의 자리를 포기한 것이다.

그러나 이것이 진정한 공동체일까? 자신을 너무 많이 내어 준 사람에게는 한 가지 채워지지 않는 욕구가 생겨난다. 자기를 내어 준 그 상대와 항상 같이 있어야만 온전한 인간이 된 것 같은 기분이 드는 것이다. 실제로 기도 모임에 적극 참석한 많은 학생들은 방학이면 끔찍한 고독에 빠졌고 다시 친구들과 같이 있고 싶은 강한 충동과 갈망을 느꼈다. 모임을 떠나 밖에 나가 자유로이 살아가기보다는 그냥 울안에 남아 편하고 안전하게 지내고 싶어하는 학생들이 많다.

거리감 결핍과 친밀감 강조는 창의적 공동체를 이루는 일을 거의 불가능하게 한다. 훌륭한 예배 의식은 언제나 친밀감과 거리감의 절묘한 균형을 특징으로 해야 한다. 참여 방식과 수준, 그리고 신앙 체험의 여러 방법들이 다양하게 제시되어야 한다. 지금까지 의식은 그런 역할을 제대로 못했으며, 아직도 멀고 냉정한 실체로만 인식된다. 그러나 캠퍼스 오순절 운동은 적절한 거리를 두면서 친밀함을 간직하고 싶은 이들이 들어설 곳이 없을 정도로 '접근'을 지나치게 강조하고 있다.

이런 상황에서 오순절 운동은 일체감과 연대감에 대한 욕구를 한껏 증폭시킬 수 있는 심각한 위험을 안고 있다. 그것은 타인을 의존하지 않고도 자신의 헌신을 느낄 수 있는 자율적 그리스도인의 발달을 저해하는, 지극히 자기중심적 공동체이다. 진정한 공동체는 밖으로 뻗어 나가기 위한 것이다. 그러나 오순절 공동체는 안으로 향하는 경향이 있다. '우리'와 '저들'이라는 미묘한 구분으로 영적 엘리트 의식을 조장하며 본의 아니게 배타적 집단이 되려는 성향이 있다.

기도 모임은 모두 자생적인 것인가? 오순절 모임은 대체로 형식과 격식이 없어 진정한 리더십이 성령께 있다는 인상을 준다. 그러나 좀 더 자세히 보면 그 모임이 훨씬 계획적임을 알 수 있다. 대부분 오순절 모임에 반복 등장하는 프로그램이 있다. 우선 성령 세례의 준비로 증거, 찬양, 낭독 시간이 있다. 이어 사람들이 자신의 체험을 나누는 자유 대화에 많은 시간이 할애된다. 기도, 찬양, 낭독이 좀 더 계속된 후 끝으로 안수에 들어간다. 그것은 행복과 기쁨의 황홀경 속에서 방언을 하고 주님을 찬양하는 절정으로 이어진다. 이러한 일 모두, 강력하고 매우 영향력 있는 지도자들 없이는 일어날 수 없다.

그러나 여기서 새로운 의문이 제기된다. 책임과 권한은 누구에게 있는가? '리더들'은 즉시 위대한 지도자이신 성령을 가리킨다. "일부 사람들에게 아주 위험한 체험이 될 수도 있지 않은가?" 하는 질문에 그들은 이렇게 답한다. "성령님은 위험한 일을 하실 수 없다. 그분은 치유하시는 힘이다." 이런 식으로 '리더들'은 하나님의 직접 개입만 믿은 채 명시적 리더십과 책임과 권한을 거부한다. 그러나 이것은 자신들의 결정적 책임을 유기(遺棄)하는 일이다. 준비와 실제 집회에서만 그런 것이 아니다. 그런 체험들이 참여 학생들의 신앙 생활 전개에 미칠 장기적 영향에서도 마찬가지이다.

신학적 관점

오순절 운동에 적극적으로 참여하는 사람들은 자신의 체험에 대한 심리학적 접근을 십중팔구 무시할 것이다. 심지어 심리학을 성령의 자유로운 역사의 장애물로 볼지도 모른다.

그러나 그것은 즉각 오순절 운동의 신학적 의미에 관한 문제를 불러일으킨다. 가장 두드러진 부분은 성령께서 인간 생활에 직접 개입한다는 확신이다. 하나님께 자신을 기꺼이 내려놓고 그분의 임하심을 구하는 이는 인간 세상에서 성령 충만을 체험하며 결국 그분께 삶의 주도권을 드리게 된다. 이는 집회 중 '리더들'이 자주 하는 설명이다. 맥도넬은 말한다. "오순절 운동은 하나의 교단이라기보다는 문자 그대로 하나의 운동이었고 지금도 다분히 그렇다."[6) 우리는 오순절 교리에 대해 말할 수 없다. 오순절 운동이 다양한 교단에 쉽게 순응하여 금세 그 교단의 일부가 되는 이유가 거기 있을 것이다. 예컨대 천주교의 경우 오순절 운동은 성사(聖事)의 차원에서 접촉점을 찾을 수 있었다. "성사의 삶이 개인의 거룩함 및 실생활의 신앙과 어떤 관계가 있는지"[7) 제시한 것이다.

그러므로 오순절 운동이 사람들을 신앙 생활로 돌아오게 하는 것은 충분히 이해할 만하다. '신앙 생활을 하지 않던' 많은 학생들이 예배와 성찬과 기도와 잃었던 헌신으로 돌아오고 있다. 오순절 운동이 천주교 정통 신앙을 위협하는 기미는 어디서도 찾을 수 없다. 오히려 그 반대이다. 많은 이들이 오순절 운동을 천주교 기본 교리와 신앙을 강화시켜 주는 요소로 보고 있다.

그러나 바로 이 부분에서 많은 신학자들이 의문을 제기한다. 천주교 내의 오순절 운동은 천주교의 교리나 신앙을 부정하지는 않지만 최근 새롭게 발전된 천주교 신학의 주요 내용을 중시하지 않는다. 예컨대 성육신에 대한 더욱 깊은 이해는 예수님의 인성을 다시 생각하게 한다. 하나님은 인간과 세상을 통해 인간에게 자신을 계시하시며, 따라서 인간 행동을 더 깊이 이해할 때 하나님을 더 깊이 이해할 수 있다는 사실이 갈수록 분명해지고 있다. 심리학, 사회학, 인류학 등의 새로운 통찰은 이제 더는 초자연적 하나님에 대한 잠재적 위협이 아니다. 오히려 새로운 통찰과 이해에 대한 신학적 검토의 계기로 받아들여지고 있다. 제2차 바티칸 공의회는 이러한 교회의 인간화를 적극 지지했다. 생활 각 분야에 나타난 인간의 잠재력을 총동원하는 일이, 하나님이 자기 백성을 향해 발하시는 음성을 깨닫는 가장 진실한 길이라고 이 새로운 신학은 도전한다. 새로운 신학은 세상의 피조성에 대한 더 깊은 이해와 '기독교의 세속화'라는 사명의 자각을 통해 '발견된' 것이다. 초대 교인들이 했던 일이 바로 이것—황제와 정부의 신화성을 없애는 작업—이었다. 세상을 본연의 모습, 즉 놀라운 성장 잠재력을 지닌 피조된 실체로 드러낼수록 이 세상은 피조물이 아닌 창조주 그분을 더욱 부르게 된다. 이런 의미에서 세속화도 믿음으로만 가능한 일이다.

또 새로운 신학은 사회 활동과 '현세' 참여를 한층 강조한다. 이러한 추세의 신학적 관점에서 볼 때 오순절 운동은 다분히 뒷걸음질치는 듯한 인상을 준다. 오순절 운동은 인간의 잠재력 밖에서 하나님의 직접적 개입을 구한다. 어찌 보면 마귀의 세력과 하나님의 세력 간의 다툼의 피해자라는 수동적 도구의 용도 외에는 하나님이 인간을 사용하시지 않는 듯하다. 마귀는 인간 속에 침투해 들어오는 외부 세력이다. 성령도 마찬가지이다. 자연히 '나를 소유한 쪽이 어느 쪽인가?'가 문제가 된다. 단, 선한 쪽이든 악한 쪽이든 그 소유물은 수동적 상태를 벗어나지 못한다. 인간이란 창조를 위해, 다시 말하면 자신의 가장 깊은 잠재력을 실현하여 하나님을 사랑하고 동료 인간을 섬기도록 지음받았다. 그러나 수동적 상태는 기독교의 이런 기본 개념을 온전히 믿지 않는 것과 같다.

지금까지 오순절 운동을 헌신된 교회의 부흥이요 성취 지향적 세상에 대한 종교적 반작용으로 살펴보았다. 거기서 야기되는 많은 심리학적·신학적 문제들도 생각해 보았다. 그러다 보니 정당한 종교 체험으로서의 깊은 관심보다는 비판적 어조가 더 강하지 않았나 싶다. 그러나 우리는 오순절 운동이 어떤 면에서 더 깊은 추구를 향한 초청이라는 점을 간과해서는 안된다.

사실 오순절 운동은 하나님을 살아 계신 분, 현실적 체험, 실제적 사건이 되게 해주었다. 신학 교육계 전체가 신학을 '머리에서 가슴으로' 옮겨 줄 길을 절박하게 찾고 있거니와 오순절 교인들이야말로 바로 그 일을 하고 있다. 하나님의 임재를 부정할 수 없는 실체로 체험하는 사람들이 많은 이들의 부러움을 사는 일은 당연하다. 모든 형태의 개혁(예배 개혁, 관계 개혁, 사역자 개혁 등)이 이루려는 바도 결국은 신앙 생활을 끝없는 영감의 살아 있는 근원이요 활력 넘치는 삶으로 만드는 것 아니던가?

캠퍼스 오순절 운동의 새로운 물결은 분명 많은 학생들의 절박한 필요를 채워 주고 있다. 물론 일부 학생들의 정신 건강에 미칠 영향에 관한 우려도 있고, 운동의 리더들에게 막중한 책임도 따르며, 많은 신학자들이 혼란도 겪는다. 그러나 오순절 운동은 그리스도인의 삶의 진실한 한 부분인 정당한 종교 체험의 중요성을 새롭게 인식할 수 있는 기회이기도 하다. 경솔한 판단과 편협한 정죄로 이 기회를 잃는다면 유감스러운 일이 될 것이다.

Intimacy and community

친밀함과 공동체

5 신학교 안의 우울증

Depression in the seminary

차하고 마음씨 좋고 다소 수다스럽고, 최신 기사 같은 단순한 것에도 곧잘 흥분하고, 순박하고, 특히 성적인 문제에 미숙하고, 그러나 언제나 성격 좋고 친절하고 잘 웃고, 청하지 않아도 도울 준비가 되어 있는 사람. 불과 얼마 전까지만 해도 이것이 신학생의 전형이었다.

이 전형이 빠른 속도로 바뀌고 있다. 오늘날 우리가 접하는 신학생은 태평스럽고 낙관적인 젊은이와는 거리가 멀다. 그와는 매우 다른 특성에 깜짝 놀라게 된다. 문제에 파묻혀 고민하고, 자신과 세계와 미래를 아주 심각하게 느끼고, 많은 문제로 논쟁과 토론을 원하고, 느긋할 때가 별로 없고, 자신의 젊은 시절을 끝이 보이지 않는 길고 어두운 터널로 생각하는 학생이라고 생각하면 거의 틀림없을 것이다.

우리는 신학교를 기쁨과 확신에 찬 사람들이 모인 곳으로 생각하는 경향이 다분하지만, 실은 고민과 회의에 찬 사람들이 모인 곳이요 우울증 기류가 전반적으로 만연한 곳이라는 것은 방문자라면 누구라도 금세 감지할 수 있다. 너무 단순하게 매도하는 표현일지 모르지만 우울증이야말로 신학교가 나타내는 가장 의외의 증상이라는 확신을 떨치기 어렵다. 우울증은 일반 대학생들에게도 큰 문제지만 오늘날 신학생들에게는 한층 더 심하다. 정체 모를 불가사의한 짙은 먹구름이 신학교의 삶을 어둡게 하고 있다. 멀리서 보기에만 그런 것이 아니라 신학생들과 자주 심도 있게 이야기를 나눠 봐도 역시 같은 느낌이다.

많은 교수들이 놀라움과 깊은 실망을 느끼고 있다. 다년간 폐쇄된 체제를 개방하고 부자유한 기관에 자유를 주려는 다각적 노력의 일환으로 행했던 현대화와 자유화에도 불구하고, 학생들은 즐겁기보다는 어둡고, 친절하기보다는 퉁명스럽고 우울하며, 마음을 열고 대화하기보다는 닫힌 마음으로 회의에 빠지고 있기 때문이다. 이런 기현상은 오늘날 우리의 특별한 관심을 요하고 있다. 핵심 질문은 이것이다. 신학 교육과 우울증은 어떤 관계가 있는가? 어떤 임상의도 세심한 구체적 진단 없이 치료 방법을 내놓지는 않을 것이다. 마찬가지로 우리도 우울증의 본질 및 여러 새로운 교육 방법과 상관 관계를 먼저 살펴보려 한다. 그 후에 이 괴롭고 파괴적인 증상을 극복하는 데 도움이 될 만한 몇 가지 방안을 제시하려 한다.

진단에 고려할 사항

신학교 교수들이 역설의 한복판이라 할 만큼 아주 복잡한 상황에 처해 있다는 것은 의심할 여지가 없다. 타율적 훈련을 원해 찾아오는 학생들에게 독자적 학습법을 권하고 있다. 무질서한 충동을 통제하는 법을 배우고 싶어하는 이들에게 오히려 기존의 틀을 벗겨 내고 있다. 엄격 일변도의 신학교 생활은 분명 과거의 유물이라 확신하면서도 새로운 자유가 매번 바라던 만족을 주지는 않는다는 사실을 발견한다. 우리는 바로 이런 정황에서 신학교의 우울증 문제에 접근해야 한다.

이 문제를 두 가지 측면, 즉 학생들과 교수들의 정체감 문제와 새로운 교육 방법 문제로 살펴보려 한다.

정체감 문제로서의 우울증

학생의 정체감 문제

신학생들은 아직 잠재력이 온전히 개발되지 않은 상태이다. 그들은 엄청난 양의 에너지를 경험하고 있으며 장차 나아갈 방향도 아직 막연한 상태이다. 교수들은 바로 이런 학생들을 대하고 있다. 모든 학생들은 다음 세 가지를 얻기 원한다.

1) 능력. 이것이 있어야 사회의 요구에 대처할 수 있다.
2) 통제력. 이것이 있어야 자신의 고삐 풀린 충동을 다스릴 수 있다.
3) 소명. 이것이 있어야 그간 모호하게 끌리던 사역에 진정 부름 받았다는 확신을 가질 수 있다.

시간이 지나면서 자신이 충분한 능력을 갖출 만큼 똑똑하지 않다고 생각하는 이들도 있을 것이다. 천주교 사제 지망생인 경우, 자신의 깊은 욕망이 독신 생활이 아닌 다른 쪽을 향하고 있음을 깨닫는 이들도 있을 것이다. 자신이 그간 끌리던 사역에 소명이 없음을 확인하는 이들도 많을 것이다. 어느 경우든 모두가 하나의 틀을 찾고 있는 것만은 확실하다. 장차 인생에 꼭 필요한 결정을 내리기 위해 자신을 시험하고 남들에게 시험받을 수 있는 분명하고 명확한 틀을 원하는 것이다. 만일 그렇다면 우리는 능력, 충동 통제, 소명 부분에서 즉시 심각한 정체감 위기를 인식하게 된다.

1) 신학생들은 능력을 원하지만 실은 자신의 능력을 느끼기에 가장 어려운 분야 중 하나에 들어서 있다. 바로 신학이다. 신학에서 다루는 문제들은 구체적 주제에 관한 문제에서 신학이 과연 학문 분야인가에 관한 문제에 이르기까지 참으로 다양하다. 변호사나 의사나 사회학자나 심리학자가 자기 분야에 자긍심을 느끼는 것처럼 신학을 자기 분야로 자랑스럽게 여기는 학생은 극소수이다. 따라서 자신을 사회의 소중한 존재로 느끼기 위해 신학이 아닌 다른 분야에서 유능한 사람이 되고 싶어할 때가 많다.

2) 신학생들은 자신의 강렬한 욕구와 충동에 대한 통제력을 갖기 원한다. 그러나 사실 신학생들은 기존의 많은 금기 사항이 의문시되며 성욕 표출에 관해 모호한 말들이 난무하는 상황에 놓여 있다. 명확함이 사라졌다. 천주교의 경우, 임시 서원 학생이 연애를 해도 신학교에서 쫓겨나지 않는다. 오히려 최종 결정 전에 연애 경험이 있는 것이 여러 면에서 유익하다고 가르친다. 불과 얼마 전까지만 해도 소위 동성간의 '특별한 우정'은 많은 교수들의 고민거리였고 교수들의 고민의 심각성을 모르던 학생들에게는 그저 웃음거리였다. 그러나

지금은 많은 학생들이 룸메이트나 친구에게 마음이 깊이 끌려 때때로 의식에 떠오르는 분명한 성적 감정 때문에 불안에 빠지고 있다. 교수들은 그런 특별한 우정에 감히 경고하는 것조차 두려워하고 있다. 10년 전만 해도 대개 교수들의 공상 속에서나 이루어지던 명백한 동성연애 관계가 지금은 심심치 않게 학생들의 문제로 대두되고 있다.

3) 신학생들은 소명을 확인하기 원하지만 실은 자신에게 사역자가 된다는 것의 의미를 말해 줄 이가 거의 없다는 사실을 알게 된다. 안수 받는 날이 가까워 올수록 직분에 대한 개념이 더욱 모호해지는 경우도 있다. 신학교에 들어올 때는 자신의 목사 삼촌이나 신부 교사, 혹은 평소에 존경하던 사역자 중 한 사람처럼 되고 싶었을 것이다. 그러나 훈련 시간을 거치는 동안 숱한 의문과 회의와 실패에 치이고 치여, 결국 "가장 불확실하고 막연한 직업에 가장 확실한 불변의 헌신을 해야만 하는가" 하는 의혹의 골만 깊어진다.

누가 누구를 부르는 것인지도 모호하다. 10년 전만 해도 부름의 주체는 분명 교회였고, 사역자로 안수 받는다는 것은 영예요 특권이자 선택된 길이었다. 교회 지도층의 말은 분명했다. "우리의 기대에 부응하지 못하거든 떠나시오." 그러나 지금은 학생들이 교회에 이렇게 말하는 형국이다. "교회가 내 기대에 부응하지 못하면 난 떠납니다." 어느 교회도 사역자를 잃고 싶어하지 않으며, 교회가 사역자에게 요구하는 것보다 사역자가 교회에 더 많은 것을 요구할 수 있다는 사상이 온갖 미묘한 방식으로 학생들에게 전수되고 있다. 사역자의 이런 권세가 매력 있어 보일지 모르지만, 사실 확실한 소명 없이 이 길에 들어서려는 학생은 아무도 없다.

이렇듯 학생들은 능력과 통제력과 소명이라는 신학 교육의 세 가지 주요 부분에서 좌절을 느끼고 있다. 알아주지 않는 분야에서 충동 통제에 관한 모호한 신호들에 둘러싸여 끝없이 회의가 드는 직업을 준비하는 사람, 이것이 그들의 느낌이다. 사역자야말로 요즘 세상에 가장 인기 없는 일이라는 생각이 서서히 파고든다. 활력과 야망과 사랑이 넘치는 젊은이에게는 남들의 인정도, 도전도, 확실성도 없는 삶에 헌신하는 것은 아예 헌신으로 보이지 않는다. 이런 정체감 위기가 괴로운 우울증의 원인이 될 수 있음을 우리는 어렵지 않게 알 수 있다.

교수의 정체감 문제

그러나 문제는 학생들에게만 있는 것이 아니다. 집단적 우울증이라는 이 이상한 감정에는 교수들의 달라진 태도도 한몫하고 있다. '학생-교수' 관계의 민주화는 눈에 띄지 않는 복잡한 방식으로 여러 예기치 못한 문제들을 야기할 수 있다. 불과 얼마 전까지만 해도 신학교에는 많은 규율이 있었다. 명백한 권위 소재 및 그에 대한 엄격한 복종이 주를 이루었다. 이런 구조는 많은 반항과 분노를 야기했지만, 적어도 학생들은 분노 표출과 반항의 대상이 누구인지 알았다. 대체로 분명한 상벌 제도가 있어서, 학생들은 모험을 감행하다 현장에서 잡혔을 때 어떤 결과를 당할지 잘 알고 있었다. 엉뚱한 규율을 어긴 애꿎은 행동에 대한 벌일 때가 많았다. 그러다 어느 날 갑자기 학생들은 이런 말을 듣게 된다.

"이제 다 여러분의 재량에 맡깁니다. 예배에 참석하든 말든, 늦잠을 자든 말든, 파티에 가든 말든, 데이트를 하든 말든, 밤을 새든 말든, 오락을 하든 말든 여러분이 알아서 하십시오. 어떤 길이 옳은지 여러분도 압니다. 모두 여러분의 양심에 달린 일입니다."

선의의 이상론적 교수들은 대부분 이 말의 의미를 잘 모른다. 많은 경우 그것은 단순히 이런 뜻이다.

"우리는 여러분이 이 모든 일을 행하고 모든 규율을 지키기 원합니다. 단, 강요할 생각은 없습니다. 여러분과 여러분의 판단력을 믿겠습니다. 우리를 실망시키지는 않겠지요?"

이러한 새로운 태도의 결과로, 죄를 지어도 처벌 가능성이 사라졌다. 신학생들은 학교측에서 싫어하는 줄 알면서도 이런저런 일을 하지만, 아무도 뭐라 하거나 제지하거나 꾸짖거나 벌주지 않는다. 교수들은 그저 실망하고 상심한 표정을 지으며 눈빛으로 이렇게 말할 뿐이다.

"기껏 믿어 줬는데 이런 식으로 갚다니…."

마땅히 벌을 받아야 한다고 느끼는 상황에서 아무도 벌주는 사람이 없으면 인간은 스스로 자신을 벌하기 시작한다. 이처럼 자기 내면을 향한 적대감은 많은 신학생들의 만성적 기분이 되어 버린 우울증을 초래한다. 그 모든 관대한 자유의 선물이 학생들 사이에 기쁨과 감사로 받아들여지기는커녕 오히려 학생-교수 관계에 숨막힐 듯한 답답함과 긴장만 초래하는 것을 보며 많은 교수들은 놀라움과 씁쓸한 실망을 금치 못한다. 우리는 이러한 현상을 좀 더 자세히 들여다보아야 한다. 여기서 두 가지 중요한 측면은 우회적 처벌과 언어적·비언어적 회의의 표출이다.

• 우회적 처벌

교수들은 기대에 부응치 못하는 학생들에게 자주 실망한다. 학생들의 도량은 기대 이하로 나타난다. 고마워하는 기색도 없이 새로운 자유를 악용하며 오히려 더 달라고 아우성이다. 학교 당국과 교수들은 매우 자주 인격적으로 깊은 상처를 받는다. 생각 같아서는 학생들의 뺨이라도 올려치고 싶지만 그것은 아무래도 너무 지나친 행동인 것 같아 더 미묘하고 해로운 처벌 형태로 방향을 돌린다. 예컨대 신뢰 부족을 들먹이는 것, 아주 사소한 일로 버럭 과도히 화내는 것, 침울하게 풀 죽은 표정으로 다니는 것, 학생들을 개인적으로 대할 때마다 그들 때문에 살맛이 안 난다며 불쾌한 심기를 드러내는 것 등이다. 어머니가 유리창을 깨뜨린 아이에게 벌을 주는 대신, "네가 엄마를 사랑한다면 이럴 수 있니?" 하고 말하면 아이는 여기에 적절히 반응할 길을 찾지 못한다. 마찬가지로 이런 고도의 우회적 처벌 형태에 학생들은 어떻게 대응해야 할지 모른다. 그저 죄책감과 무력감을 느낄 뿐이다. 바로 여기서 답답함과 긴장감이 생기고, 이는 관계에서 유머를 앗아간 채 서로 과민 증세까지 보이게 만든다.

• 회의의 표출

우울증을 낳을 수 있는 학생-교수 관계의 두 번째 측면은 교수들이 자신의 문제를 표출하는 방식에 있다. 학생들이 회의하는 기본 가치관에 많은 교수들도 똑같은 회의를 품고 있다. 이들은 학생들의 문제가 단지 개인적 성장의 아픔만이 아니라 교회 전체의 성장의 아픔과 관련된 문제라는 것을 알고 있다. 젊은 지성인을 혼돈과 염려로 가득 찬 공동체의 사역자가 되게 하는 일이 과연 바람직한지 많은 신학교 교수들이 회의를 느낀다. 이들에게는 이런 의문이 있다. "신학교를 마치게 하는 것이 과연 학생을 행복하게 하는 일일까? 현대 세계에서 사역자가 된다는 것의 의미를 묻는 학생에게 나는 과연 의미 있는 답을 줄 수 있는가? 천주교의 경우, 성적 친밀함을 포기해야 하는 신분으로 평생 헌신하게 하는 것이 과연 의미 있는 일일까? 사역이라는 급변하는 분야를 직업으로 선택하게 할 책임(아무리 부분적 책임이라 할지라도)이 나에게 있을까?"

이런 회의와 고민을 학생들이 감지 못할 리 없다. 이런 실존적 의문은 많은 언어적·비언어적 방식으로 학생-교수 관계에 끼어들게 마련이다. 동화(同化)는 여전히 인간이 평생 직업을 선택하는 주요 과정이다. 멋지게 살아가는 사람들이야말로 젊은이의 인생 선택에 가장 강한 설득력과 영향력을 행사한다. 의과 대학 교수들이 의사의 치료 능력을 믿지 않는다면 어떤 제자가 의사가 되려 하겠는가? 경기에 이길 수 있다는 자신감이 없는 코치한테 누가 지도를 받으려 하겠는가? 교수가 학생들에게 지독하게 군다면 누가 교수가 되고 싶겠는가? 마찬가지로 헌신의 기초, 사역자의 본질, 교회, 성육신, 하나님의 개념 등에 회의를 품고 있는 사역자들을 자주 접한다면 누가 사역자가 되고 싶겠는가? 이런 의문들은 결코 개인적인 문제만은 아니다. 오늘날 신앙 생활의 전반적 분위기에 배어들어, 철저히 격리되어 사는 사람이 아닌 다음에야 거기서 완전히 벗어날 수 없는 문제다.

많은 교수들이 개방적 의사 교환의 분위기를 선도하며 학생들에게 문제를 털어놓을 것을 권하고 또한 친히 이해심 많은 경청자가 되어 주기도 하지만, 실은 무의식중에 자신의 짐을 학생들에게 전가하는 것이 아닌가 하는 의문이 든다. 학생들은 이런 말을 듣는 기분이다. "우리 교수들도 답을 못 찾은 문제인데 여러분이 한번 풀어 보시오." 현대 신학교 교육의 거센 자유화 물결도 학생들이 보기에는, 의미 있는 틀을 제시하지 못하는 교수들의 무능력에 대한 증거로 느껴질 수 있다. 모든 기본 주제를 수년간 배운 많은 신학생들한테서 피로와 실망과 혼돈, 심지어 적의의 징후마저 보인다. 그들은 좌절에 부딪칠 수밖에 없는 정답 없는 문제를 끌어안고 괜히 시간만 허비한 것 같아 속았다는 기분을 느끼기도 한다.

이렇듯 신학교의 우울증은 학생들의 정체감 위기뿐 아니라 교수들의 정체감 위기와도 관련이 있다. 신학교를 덮은 구름을 벗겨 내기가 그렇게도 어려운 이유는 바로 이 숱한 회의와 불안과 염려의 상호 강화 작용 때문이다. 신학교 교육의 새로운 추세를 분석하려면 여간해서 좀처럼 끊기 어려운, 우울증의 악순환을 야기하는 이런 유혹을 이해해야 한다.

우울증과 새로운 교육 방법

지금까지는 신학교의 우울증을 학생들 및 교수들의 정체감 문제로 살펴보았다. 이제 몇 가지 새로운 교육 방법을 좀 더 자세히 살펴보고 그것과 우울증 현상 사이의 연관성을 찾아볼 차례이다. 현대 유럽과 미국의 사실상 모든 신학교에서 큰 인기를 끌고 있는 두 가지 새로운 신학교 교육 방법으로 논의를 국한하겠다. 하나는 대화이고 또 하나는 소그룹 생활이다. 괴로운 과정이라고 느낄 수도 있지만, 이 두 새로운 방법을 꽤 자세히 분석하여 흔히 간과되는 몇 가지 문제점을 찾아보려 한다. 그렇다고 이 방법들의 가치를 격하하거나 이의를 제기하려는 뜻은 조금도 없다. 미리 그 점을 밝혀 두는 것이 중요할 것 같다. 다만 숨어 있는 많은 덫을 지적하고 싶을 뿐이다. 그 덫을 피하려면 먼저 바로 알아야 한다.

대화와 우울증

여기서 대화라는 단어는 아주 일반적인 의미다. 만남, 개방적 토의, 깊은 나눔, 열린 마음 등으로 표현되는 다양한 행동 형태를 망라한 것이며 다량의 언어적 의사 소통을 지칭하는 말이다. 이 분석에서는 대화의 언어적 측면에 집중할 것이다.

학생들 상호간 및 교수와의 언어적 의사 소통의 가치에 대한 점증적 강조는 대체로 당연시되는 두 가지 불확실한 전제를 바탕으로 한다. 첫째는 생각과 감정을 거리낌없이 터놓고 나누면 사람들이 더 가까워진다는 생각이다. 둘째는 언어 소통이 많으면 관련 문제가 명료해져 실존적 결정이 쉬워진다는 생각이다.

우선 첫째 질문을 보자. 언어적 의사 소통은 사람들을 서로 더 가깝게 해주는가? 말이란 의사 소통을 위해 있는 것이지만 의사 소통을 가로막는 막(幕)으로 사용되는 경우도 아주 많다.

알다시피 구두시험에 통과하는 가장 좋은 방법 중 하나는 교수가 더 이상 묻지 못하도록 쉬지 않고 말하거나, 반대로 교수에게 계속 말을 시켜 답을 유도하여 최대한 무지를 감추는 것이다. 많은 대화에서 말은 두려운 침묵을 메우거나 진짜 중요한 질문을 막거나 아픈 부분을 피하는 도구로 사용된다. 국회 토론은 문제를 해결하기보다 지연하기 위한 것일 때가 많다. 외부에서 보기에는 하찮고 억지처럼 보이는 장시간의 유엔 회담도 실은 위험한 접촉을 피한다는 고도의 유용한 기능을 성취하고 있는 것이다.

평상시 이 사실을 잘 알면서도 우리가 학생들에게 문제를 털어놓으라고 권할 때는 동일한 역동을 거의 인식하지 못한다. 우리가 잊지 말아야 할 것이 있다. 학생들은 항상 학점과 평가에 매여 있기 때문에 여러 면에서 서로를 두려워하며 대체로 지나친 자의식에 빠져 있다는 것이다. 자기 능력에 자신이 없어 회의와 혼돈이 도사리고 있는 인격이라는 민감한 영역에는 여간해서 아무도 들여놓지 못한다.

학생들의 토론을 잘 들어 보면 말이 많을수록 오히려 내용은 빈약한, 언어적 제어 장치를 많이 보게 된다. 믿어지지 않거든 대화 도중

제3자가 끼어드는 경우를 잘 보면 된다. 끼어들기 전의 화제로 다시 돌아가는 일은 거의 언제나 화자 자신의 몫이다. 다른 사람이 먼저 이렇게 말하는 경우는 거의 없다. "미안해. 존이 오기 전에 네 여행에 대해 말하고 있었지? 그래서 어떻게 됐어?" 화자 자신이 그 화제를 다시 꺼내지 않으면 대화는 아무 문제 없이 다른 주제로 옮겨 간다.

다른 사람이 말할 때 사람들은 무엇을 할까? 대개는 자기 얘기를 준비하거나 자기 입장을 정리하느라 바쁘다. 상대가 "상원 의원 케네디의 암살은 공산주의의 모의 결과였다"고 말하면 거기에 대한 통상적 반응은 재빨리 속으로 '동의 여부'를 살피는 것이다. 말하는 이의 의견을 더 잘 이해하려 하기보다는 자신에게 파묻혀 자기 입장을 정리하느라 바쁜 것이다. 그리고 일단 자기 입장을 말로 표현하고 나면 나머지 대화는 그것을 옹호하여 실패를 면하기 위한 집요한 시도로 일관한다. 처음에는 자기도 확신이 없어 머뭇거리던 입장을 아예 사실로 믿고 동료들을 설득하려는 경우도 흔히 볼 수 있다. 더 안타까운 모습은, 처음 대화를 시작할 때는 허물없이 비교적 마음이 열려 있던 이들이 얘기가 끝날 때는 저마다 제 의견만 고집하고 있다는 것이다. 자기가 상대에게 설득당하지 않고 싸움에 이겼다는—이기고 말고 할 것도 전혀 없는 일인데도—초라한 쾌감 속에서 말이다.

내가 말하려는 점은, 언어적 의사 소통이 언제나 학생들 사이를 더 가깝게 해주지는 않는다는 것이다. 오히려 멀어지게 할 수도 있다. 대화로 더 나은 공동체가 열린다며 신학생들에게 대화를 자꾸 권하겠지만, 일 년 넘게 대화해도 고독감과 소외감이 사라지지 않는 것을 보며 그들은 심한 실망과 적대감까지도 느낄 수 있다. 처음 대화에 가담했던 주요 동기와 많은 대화의 현실적 결과 사이에서 예상치 못한 괴리를 느끼는 경우가 허다하다. 오히려 대화 이전보다 이후에 자신이 더 이방인처럼 느껴지는 경우도 있다. 이런 경험이 패배감과 우울증으로 이어질 수 있다는 것은 불 보듯 뻔한 일이다.

둘째 질문은 이것이다. 관련 주제에 관한 명료한 이해는 과연 실존적인 문제 해결에 얼마나 도움이 될까? 이것은 매우 고통스런 좌절의 원인이 된다. 문제에 대한 통찰력과 실제로 문제를 대처하는 능력은 엄연히 다르기 때문이다. 사역자의 직분, 독신 생활, 제도상의 교회, 하나님의 죽음 등에 대한 토의를 통해 신학생들은 각 이슈에 대한 사고가 더욱 명료해져 문제의 다양한 측면을 볼 수 있다. 그러나 "나는 사역자가 될 것인가? 독신 생활을 할 것인가? 제도상의 교회 안에 남을 것인가? 하나님이 살아 계심을 믿을 것인가?" 등 지극히 개인적인 문제를 풀려 한다면 장황한 토의는 오히려 괴로운 경험이 될 수 있다.

안수 받는 날이 오기 전에 미리 독신 생활에 관해 이야기하고 싶어 한 신학생들이 있었다. 나는 그들의 토의 시간을 일 년 간 꾸준히 지켜보았다. 안타깝게도 학생들은 복잡한 논증과 이론과 개념에 점점 더 얽혀 들면서, 사방으로 얽히고설킨 신학의 미로 속에서 길을 잃고 말았다. 해답이 숨어 있는 신비의 핵에 도달하지 못했다는 분노가 점점 커졌다.

도대체 무슨 일이 벌어지고 있는 것일까? 하루 한 시간씩 시간을 들여 자신들이 서로 사랑해야 할 지당한 논거를 찾으려 하는 남녀를 어떻게 생각하는가? 물론 그러한 토의 자체가 그들이 결혼해서는 안 될 사이임을 가장 잘 보여 주는 논거이다. 자연스러움이 전혀 없이 딱딱하게 경직된 관계를 원하지 않는다면 말이다.

토의를 할 때에는 주제에 대해 어느 정도 거리를 두어야 한다. 그래야 문제의 다양한 측면을 볼 수 있고 분석적 시각을 잃지 않을 수 있다. 분석이란 참여를 잠시 뒤로 미룬다는 뜻이다. 그러나 실존적 결정은 참여를 해야 할 수 있는 것이다. 서너 가지 지당한 논거 때문에 사역자가 되는 사람은 없다. 쟁쟁한 신학자들 말만 듣고 독신 생활에 헌신하는 사람은 없다. 신학과 심리학과 사회학은 실존적 위기에 해답을 주지 못한다. 그렇게 가르치는 사람은 좌절만 부추기는 셈이다. 이론의 한계를 아직 충분히 체득하지 못한 젊은이들의 경우에 특히 그렇다.

한 가지 슬프고도 재미있는 사실이 있다. 신학교에서는 명확한 지적 깨달음을 갈수록 떠받들며 '자신의 삶에 대한 통찰'을 점점 더 강조하고 있지만, 종교가 없는 젊은이들은 인생의 근원에 더 깊이 몰입하기 위해 향을 피우고 명상하며 마약을 먹고 있다. 그런데도 우리의 예배 의식은 계속 말이 많아지고 언어 의존도가 높아질 뿐, 향이나 기타 자극물은(청각적인 것이든 시각적인 것이든) 낡은 마술의 일부로 경멸하고 있다.

그러나 그 결과로 신학생들은 대화의 올가미에 걸려 든 느낌을 받고, 개인적 결정의 차원에서 끝이 보이지 않아 실망과 시무룩한 우울증에 빠지고 있다.

소그룹 생활과 우울증

대화와 토론에 대한 강조 외에도, 우리는 많은 사역자 양성 과정에서 하나의 변천을 볼 수 있다. 한 건물 안에 학생들이 함께 살던 익명의 대규모 집단에서 더욱 친밀한 소그룹으로 바뀐 것이다. 소그룹을 흔히 팀(team)이라 부른다.

팀 방식은 학생들이 동료 학생들, 교수들과 의미 있는 관계를 맺지 못한 채 수년의 훈련 과정을 보내야 했던, 기존의 비인격적 생활 방식에 대한 반작용이다. 큰 집단을 작은 팀으로 나눔으로써 진정한 형제애의 가능성을 창출하며 새로운 형태의 공동체 생활을 꿈꿀 수 있게 되었다. 그러나 대화와 토론의 경우와 마찬가지로, 이 부분에서도 언제나 상황은 뜻한 방향대로 움직이지 않는 법이다. 팀 방식이 안고 있는 세 가지 문제를 살펴보기로 하자.

첫째 문제는 신학생들이 더 이상 서로 피할 수 없다는 단순한 사실이다. 소그룹들의 자생 터전이 되는 큰 집단에서는 못마땅한 사람들을 피하고 생각이 다른 이들과 거리를 유지할 수 있다. 모임에도 비교적 자유로이 드나들 수 있다. 반면 팀에서는 소수의 동료들과 아주 가까울 수밖에 없다. 내가 하는 많은 행동은 팀원들의 비판의 눈을 벗어날 수 없으며 거꾸로 팀원들이 내 마음에 들지 않는 경우도 마찬가지이다. 팀 모임에 가지 않으면 금방 눈에 띌 뿐 아니라 그룹에 대한 흥미나 헌신 부족이라는 질책을 받게 된다. 모임 중에 말을 하지 않으면 사람들은 내가 침묵하는 이유를 알려고 한다. 내가 행하거나 행하지 않는 모든 일들에 개인적으로 깊은 의미가 부여될 수 있다. 그러므로 팀 생활은 분명 대단위 집단 생활보다 요구하는 것이 훨씬 많다. 훨씬 높은 성숙이 필요한 것이다.

둘째 문제는 팀의 의미에 대한 혼란과 관련이 있다. 일반적으로 팀이라는 말은 다양한 장점의 융합을 통해 특정한 과제를 더 훌륭히 수행할 수 있는 소수 사람들의 협력을 일컫는 말이다. 팀의 본질을 결정하는 것은 팀원들의 공통 과제다. 팀이 제대로 기능하지 못하면 그것이 업무의 질에 그대로 나타난다.

그러나 학생들을 양성하는 상황에서는 팀이 과제 지향적이 되지 못할 때가 많다. 흔히 학생들이 기대하는 팀은 팀원들에게 최선의 생활 조건을 제공하는 곳이다. 마치 바쁜 하루를 보내고 난 뒤 돌아가는 가정과 비슷하다. 바로 여기서 문제가 시작된다. 팀이 과제 지향적이 아니라 자아 지향적이 되기 십상이므로, 이제 팀의 문제는 수행해야 할 일의 본질 때문에 생기는 것이 아니라 대인 관계의 본질 때문에 생겨난다. 이 경우 팀 모임은 다분히 아마추어 그룹 치료로 전락하기 쉽다. 팀원들은 서로를 향한 감정을 탐색하려 하며, 혼자 간직하는 것이 훨씬 좋을 많은 문제들까지도 털어놓으라고 부추긴다. 그렇게 되면 팀 모임에는 긴장이 팽배할 수 있다. 개인 문제를 벗어나 공통 관심사로 나아가지 못한 채 자아 중심으로 치닫다가 자아 도취의 경지까지 이를 수 있는 것이다.

연령, 학교 생활, 미래의 직업에 관한 양면 감정 등을 감안할 때, 이 학생들은 이미 자의식이 강하다는 점을 우리는 알아야 한다. 때에 따라 개인의 불안과 혼란을 표현하는 것도 매우 중요하지만, 신학교 교육 전체의 주요 목표는 학생들을 자신에 대한 관심에서 벗어나 동료 인간들의 삶과 문제에 진정 관심을 갖는 자유롭고 개방적인 사람이 되게 하는 데 있다.

퇴행이 전혀 허용되지 않는 문화는 사람들을 파멸에 몰아넣을 수 있다는 것은 사실이다. 인간은 잠자지 않고 살아갈 수 없다. 하지만 정말 중요한 일은 잠든 동안에 일어나지 않는다. 우는 것, 자신에 대해 말하는 것, 사랑과 미움의 감정을 숨김없이 표현하는 것은 인간의 정신 건강에 매우 중요하다. 하지만 이것은 다 진보가 뒤따를 때에만 의미를 지닐 수 있는 일시적 퇴행인 것이다. 형성기에는 퇴행을 허용해야 하며 때에 따라서는 권유할 필요도 있지만, 퇴행이 추구의 이상으로 간주되어서는 절대로 안된다. 어디까지나 이상은 자아에 집착하고, 울고, 내 감정을 다 표현하는 것이 아니라, 내 문제를 잊고 내 관심과 주의를 요구하는 일을 수행하는 것이다. 그러므로 퇴행적 행동 양식을 장려하는 팀은 본연의 목적을 거스르는 셈이다.

여기서 팀의 마지막 문제가 생겨난다. 친밀함과 관련된 것이다. 사춘기 아이들과 청년들은 아주 괴로울 정도로 깊은 외로움을 느끼는 경우가 많다. 그들에게는 진이 빠질 정도로 상대에게 매달리는 우정을 통해 이 문제의 해답을 찾으려는 성향이 있다. 이것은 원초적 필요에 바탕을 둔 미숙하고 집착적인 우정이다. 신학 교육의 과제는 학생들을 깨우쳐 이런 충동적 필요에 끌려 다니지 않고 성숙한 자기 인식과 자기 확신에 이르게 해주는 것이다. 그럴 때 우정은 나누고 용서하는 관계로 자라날 수 있으며, 외로운 감정도 성숙한 방식으로 이해하고 수용할 수 있다.

그러므로 팀을 원초적 필요와 욕심에 따라 움직이는 일개 파벌로 전락시키지 않는 것이 매우 중요하다. 이것은 어려운 일이다. 많은 학생들이 스트레스가 무척 심해 친밀함의 집요한 욕구에 이끌려 친구들에게 매달리기 때문이다. 그러나 이것은 대개 비현실적인 환상만 자극할 뿐이다. 진정으로 믿을 수 있는 친구가 어디선가 날 기다리고 있다가 내 모든 좌절감을 해소해 줄 것이라는 환상 말이다. 신학생 시절에나 사역의 길에 들어설 때나 이런 환상을 품고 있는 사람은 아주 불행할 수밖에 없다. 더욱이 팀이 이런 비현실적인 친밀함의 욕구를 채워 주는 방편이 된다면 오히려 큰 해가 될 수 있다.

이렇듯 팀 생활이란 교육 책임자들의 특별한 주의가 필요한 아주 특수하고도 정교한 사역이다. 최대의 위험은 과제 지향적인 팀이 자아 지향적인 오합지졸로 전락할 수 있다는 것이다. 그런 집착적 관계는 학생들의 정신력을 고갈시키며 퇴행 행동까지 부른다. 이런 상황에서 학생들은 성격이 까다로워져 곧잘 따지고 쉽게 짜증낸다. 인간이 줄 수 있는 것보다 더 많은 관심을 요구하고 인간이 보일 수 있는 것보다 더 깊은 동정을 바라는 성향이 나타난다. 사랑에 대한 이야기는 건강의 정도를 넘어선다. 학생들은 자신의 고독을 아주 미묘하게 즐기며 그야말로 버릇없는 아이의 전형적 증상을 보이게 된다.

이런 퇴행 행동에 뒤따르는 가장 보편적이고 전염성 높은 증상이 바로 우울증이다. 그것은 아무도 날 이해하지도 사랑하지도 좋아하지도 않는다는 느낌이요, 묘하게 뒤범벅된 애증의 대상들에게 동정을 얻고 싶어하는 욕망이다.

이렇듯 소그룹 생활은 의도와는 정반대로 아주 우울한 생활 방식으로 쉽게 변질될 수 있다. 더 놀라운 사실은 이런 감정들이 대개 너무 모호하고 삶 전반에 확산되어 학생들 자신은 물론 교수들도 문제의 근원을 여간해서 파악하기 어렵다는 것이다.

덧붙이는 말: 피로의 문제

진단 부분을 마무리하기 전에, 대화 및 소그룹 생활의 문제와 관련된 가장 가시적 증상 중 하나를 살펴보고 싶다. 상당히 많은 신학생들이 정도 이상의 피로를 호소한다. 원하는 대로 잘 수 있는데도 아주 피곤해 보인다. 눈꺼풀이 무겁고 몸이 짐짝처럼 느껴진다. 철학자들의 표현으로 "그들의 몸은 존재가 아니라 소유가 되었다." 아침에 일어날 때도 피로가 풀리지 않아 찌뿌듯한 기분을 떨칠 수 없다. 옷 입는 것조차 일이 되어 특별한 힘과 집중이 필요하다. 이러한 소위 신경성 피로는 전체적으로 과민한 생활 방식의 산물이다. 인간의 자동 과정을 더 이상 의존하지 않고 매순간 자기 행동을 이해하려 하는 상태인 것이다. 자기 호흡을 애써 느껴야 한다면 이미 위험한 상태이며, 자기 심장 박동을 통제하려는 사람은 생명을 유지할 수 없다.

마찬가지로 하루 종일 우정, 사랑, 공동체에 관해 이야기하는 신학생은 정작 우정과 사랑과 공동체의 실체를 맛볼 기회를 놓칠 수 있다. 이러한 삶에 대한 참여 결핍은 대개 무의식적 불안과 상관 있다. 매우 피로한 사람은 인생이 좋은 것이고 살 만한 것이라는 기본 믿음을 잠시나마 잃어버린다. 그런 사람은 항상 뜻밖의 덫과 위험에 대비하여 늘 깨어 있어야 하는 것처럼 행동한다.

이런 형태의 피로는 해로울 수 있다. 여간해서는 벗어나기 힘든 악순환으로 학생들을 쉽게 몰아넣기 때문이다. 우울증은 피로를 낳고 피로는 다시 우울증을 심화시키는 식이다. 모든 신학생이나 대다수 신학생이 이런 증세를 보인다는 말은 아니지만, 일부 신학생의 모습이 이렇다는 것은 분명하다. 그 본질을 인식할 때 우리는 이런 말을 할 필요가 없게 된다. "하루쯤 공부하지 말고 푹 쉬어 보지 그래." 이런 충고는 도움이 되기는커녕 사태를 악화시킬 뿐이다.

이제 진단 부분을 마치려 한다. 우리는 우울증 문제를 학생들과 교수들의 정체감 문제로 그리고 새로운 교육 방법인 대화와 소그룹 생활의 문제로 생각해 보았다. 우울증의 가시적 증상 하나로 신경성 피로도 살펴보았다. 여기서 많은 문제를 제기할 수 있다. 이런 유혹도 가능하다.

"다시 옛날로 돌아가야 하나 보다. 새벽부터 일어나 장시간 묵상하던 시절, 훈육의 의식이 있고 상벌 제도가 분명하던 그 시절로 말이다."

그런 실수를 범하기 전 치료의 문제를 생각해 보기로 하자.

치료에 고려할 사항

꽤 장황한 진단을 거치며 우리에게 드는 의문이 있다. 신학교 교육의 새로운 추세는 과연 우리가 희망하는 것만큼 장래성이 있는 것인가? 많은 기본 문제에 대한 개방적 태도, 새로운 민주주의 방식의 행정, 대화와 소그룹 생활 강조, 이런 모든 것의 결과가 기껏 침울한 분위기나 똑똑한 불만 세력을 양산하는 것이라면 우리는 현대화를 나쁘게 생각할 수 있다.

그러나 그것은 개혁의 약점을 구실 삼아 보수주의를 내세우려는 케케묵은 유혹이다. 분명한 사실은 10년 전의 신학교 생활은 사라졌고 다시는 돌아오지 않는다는 것이다. 그보다 더 분명한 사실은 우리 이전 사람들이 변하는 세상에 대한 깊은 감수성과 용기와 이상으로 사역자 양성과 신앙 생활에 새로운 방식을 도입했다는 것이다. 이렇게 새로운 실험을 감행했던 이들의 실수를 지적해 주기란 어쩌면 쉬운 일일 것이다. 실은 야비하고 부정직한 일일 수도 있다. 모든 실험에는 예상치 못한 문제가 뒤따르게 마련이다. 예상한 문제라면 처음부터 진정한 실험이 아니었을 것이다.

그러나 일단 발생한 문제에 대해서는 해결을 시도해야 한다. 나는 새로운 학생-교수 관계와 새로운 교육 방법에 심각한 단점이 있다고 해서 그 새로운 방법들이 다 잘못이라고 말하려는 것이 아니다. 내부 역동에 대한 더 깊은 이해를 통해 그 방법들을 좀 더 매끄럽게 다듬을 수 있다는 사실을 말하고 싶은 것이다.

그렇다면 이제 우리가 할 일은 '항우울증 체제,' 즉 많은 창의적 시도에 대한 우울한 반응을 덜어 줄 수 있는 지침을 세우는 것이다. 그러나 구체적 지침으로 들어가기 전에 우선 모든 지침의 기본 원리부터 짚고 넘어가야 한다. 그 원리란, 학생들이 에너지를 창의적으로 사용할 수 있도록 의미 있는 틀을 제공하는 것이 모든 신학 교육의 기본 과제라는 것이다. 틀이란 일꾼 양성의 키워드요 모든 교육 지침의 기준이다. 틀이 있을 때 우리는 믿어야 할 감정과 믿지 말아야 할 감정, 따라야 할 생각과 버려야 할 생각을 가려낼 수 있다. 틀을 통해 학생들은 서로 별개인 것처럼 보이는 많은 감정과 생각을 하나로 통합할 수 있다. 어떤 계획이 한낱 공상일 뿐이며 어떤 계획이 실현 가능성이 있는 것인지도 틀이 있어야 결정할 수 있다. 틀은 하루의 일과, 한 해의 계획, 인생의 방향을 정하게 해준다.

오늘 우리의 문제는 우리가 너무 현대적, 자유주의적, 또는 보수적이라는 것이 아니다. 학생들의 잠재력(아직 방향이나 초점이 잡히지 않은)은 많은데 실현을 도울 수 있는 의미 있는 틀이 없다는 것이다.

이 기본 원리를 전제로 지금부터 몇 가지 지침을 찾아보려 한다. 역시 교수와 학생의 정체감과 새로운 교육 방법이라는 두 가지 측면에서 살펴볼 것이다.

틀과 정체감 문제

학생들은 능력, 통제력, 소명의 차원에서 정체성을 찾아 고심하고 있다. 학생들을 매일 대하는 교수들이 먼저 자신의 역할을 분명하고 확실하게 주장하지 못한다면 학생들은 절대 정체성을 찾지 못할 것이다. 그 역할이란 바로 권위의 역할이다. 교수에게 권위가 없다면 학생은 학생으로서 교수와 관계를 맺을 수 없다. 여기서 중요한 지침은 교수들이 권위주의적이지 않으면서 권위 있는 모습을 보여야 한다는 것이다. 그러려면 한마디로 교수들의 권위가 능력과 성숙과 신앙에서 비롯되어야 한다. 그런 교수는 자기 분야를 알고, 삶의 긴장에 대응할 수 있으며, 자신이 중요한 일꾼으로 부름받았음을 믿는다. 이것이 바로 내면 지향적인 권위이다. 이 권위는 자기 말에 의미를 부여하기 위해 높은 사람들의 말을 인용할 필요가 없다. 권위주의적인 사람은 삶의 규칙을 주입하지만 권위 있는 사람은 규칙을 삶으로 분명히 보인다. 학생들은 지적받고 책망받고 경우에 따라 처벌받기 원한다. 그들의 말을 잘 들어 보면 이것을 알 수 있다. 그러나 그런 일을 행하는 권위의 근거는 주관적 기분이나 생각, 추상적 규칙이나 규율이 아니라 학생들의 행동을 잘 분별하는 유능하고 객관적인 이해에 있어야 한다.

갈등과 마찰과 의견 차이를 반드시 피할 필요는 없다. 그것도 성장의 한 부분이다. 그러나 교수들이 권위를 주장하고 관철할 때에만 학생들은 정체감을 찾을 수 있고 자기 삶의 실험을 평가할 수 있으며 견고한 터전에 굳게 설 수 있다. 그런 학생은 우울하지 않다.

틀과 새로운 교육 방법

둘째 지침은 신학교 내의 대화와 소그룹 생활에 관한 것이다. 둘 다 도덕과 깊이 관련된 활동이므로 책임을 맡을 수 있는 사람이 필요하다. 대화는 사람을 분열시킬 수도 있지만 연합시킬 수도 있고, 소그룹은 자아 지향적이 될 수도 있지만 과제 지향적이 될 수도 있다. 그러므로 이 둘은 인생의 매우 민감한 영역이고, 그저 시행착오 과정에 맡겨 둘 수 없는 영역이다. 책임을 맡을 사람이 없다면, 대화와 소그룹을 통해 표출되는 감정과 생각과 계획은 마치 물줄기를 무시한 채 제멋대로 흘러 농사를 돕는 것이 아니라 오히려 망쳐 놓는 물과도 같다. 책임을 맡는 사람은 창의적 물줄기가 되어 학생들의 삶이 목적을 벗어나지 않도록 붙잡아 줄 수 있다. 그러므로 둘째 지침은 이것이다. 대화와 그룹 생활처럼 민감한 과정이 효과를 내려면 반드시 명확한 책임이 존재해야 한다는 것이다.

그 말은 곧 일정한 형태의 지도자가 있어야 한다는 뜻이다. 지도자는 대화와 그룹 모임에 틀을 제시할 수 있다. 이 지도자의 몇 가지 기능을 살펴보기로 하자.

첫째, 훌륭한 지도자는 그룹 모임이 아마추어 그룹 치료가 되지 않게 막을 줄 안다. 특별한 통제와 세심한 감독과 명확한 목표 없이 사랑과 미움, 분노와 좌절, 적의와 욕정을 표현하는 것은 위험하며 사람들에게 득보다 오히려 해를 끼치는 경향이 있다.

둘째, 훌륭한 지도자는 위기 상황일 때 실존적 문제를 거론할 수 있는 적합한 분위기를 조성할 줄 안다. 그런 토의는 응급 대처 효과가 있다. 지도자는 단지 동등한 참여자가 아니며 그의 말은 일개 의견 이상의 비중이 있어야 한다. 그럴 때 지도자는 학생들에게 그 모임이 안전하며 그들이 위험한 덫에서 보호받고 있음을 분명히 일러 줄 수 있다.

셋째, 훌륭한 지도자는 그룹 내의 커뮤니케이션을 자유롭고 개방적으로 유지한다. 본인이 원하지 않으면 누구에게도 발언을 강요해서는 안된다. 할 말이 없거나 말할 준비가 안된 사람들도 많이 있다. 대화에 참여해야 한다는 은근한 압력은 사람들에게 친밀함의 정도를 스스로 결정할 수 있는 자유를 앗아간다.

훌륭한 지도자의 이런 측면들을 생각할 때 한 가지 중요한 사실이 있다. 팀원들은 이미 서로 어느 정도 통하고 있을 때에만 토의와 그룹 생활을 통해 더 가까워질 수 있다는 것이다. 지도자란 일정 수준의 공동체를 선도하는 사람이다. 그래야 그 안에서 친밀함의 과정이 창의적인 방식으로 일어날 수 있다. 지도자의 권위란 처음부터 공동체에 내재되어 있는 권위의 표출이라 볼 수 있다. 그렇다면 지도자의 과제는 공동체의 경계선을 안전하게 지키며, 팀원들의 생각과 감정과 행동 중 그 경계선 안에서 다룰 수 있는 부분과 다룰 수 없는 부분을 가려내는 것이라 할 수 있다. 팀원들이 정도를 벗어날 때는 지적해야 한다. 그것을 알 때 사람들은 자기 표현에 훨씬 더 자유를 느낄 수 있다.

그러므로 훌륭한 지도자는 한쪽으로 치우친 질문들을 공동체의 안전한 테두리 안에 끌어들임으로써 항우울증 체제를 창출해 낸다. 여기서 우리는 '신앙 공동체란 무엇인가?' 하는 결론에 이른다.

신앙 공동체

틀을 키워드로 하여 '치료'에 고려할 사항을 살펴보았으니 이제 마지막으로 공동체라는 단어를 생각할 차례이다. 이 말이야말로 최근 들어 종교 생활에 관한 토의에서 가장 널리 사용되는 단어일 것이며, 그래서 커다란 흥분 못지 않게 지독한 권태를 느끼게 하기도 한다. 지금까지 우리는 우선 기본 역동을 더 세밀히 살펴보려는 뜻에서 일부러 이 단어를 피해 왔다. 그러나 이제 결론으로 이 중요한 단어에 다시 집중하여, 신학교의 우울증 문제라는 정황에서 이 말이 갖는 의미가 무엇인지 따져 볼 필요가 있다.

신앙 공동체란 곧 '에클레시아(ecclesia)'다. 종 되었던 나라에서 자유의 땅으로 불러냄을 받았다는 뜻이다. 즉 지금 이대로가 아닌 현 상태를 넘어 다른 것을 찾아 끊임없이 이동해 가는 것이다. 공동체가 그 자리에 안주하는 순간 신앙을 잃기 쉬우며, 불기둥으로 인도하시는 유일하신 참 하나님 대신 우상을 섬기기 쉽다.

소명을 이야기하려면 먼저 우리가 속한 공동체에 소명이 있는지 물어야 한다. 다시 말해 공동체 자체에, 우울한 땅인 애굽에서 아직 정복하지 못한 신천지로 불러냄을 받았다는 의식이 있어야 한다. 힘을 잃고 지쳐 도중에 발견한 아름다운 오아시스에 취해 있는 공동체도 있다. 그래서 참 소명을 잊은 채 그 자리에 주저앉아 있는 공동체도 있다.

나는 신학생 개인의 소명은 공동체 소명에 대한 참여라고 생각한다. 요즘 많은 학생들이 신학교를 떠나고 있는데, 이는 자신이 참여할 수 있는 소명을 발견 못했기 때문일 가능성이 크다. 오히려 그들이 발견한 집단은 내부적 갈등에 몰입해 있었고, 의식과 규칙과 권위에 관한 작고 소소한 논쟁에 여념이 없었으며, 자살의 기로에 선 세상 앞에서 자신들의 에너지가 대부분 시시한 문제로 소진되고 있다는 사실을 전혀 모르고 있었다. 이런 자기 중심적 공동체는 학생들을 다시 자신에게 몰입하게 하여 내성에 빠지게 하는 경향이 있다. 또한 소명이란 끝없는 자기 성찰을 통해서만 찾을 수 있는 내면의 영감이라고 부추긴다. 결국 신학생들은 자신을 지나치게 크게 여기게 되고, 지극히 개인적인 자신의 필요와 욕구에 윗사람들의 끊임없는 관심을 요구하게 된다. 대체로 문제는 자신의 최선을 드리려는 학생들 편에 있는 것도 아니고 학생들을 최대한 돕고자 하는 교수들 편에 있는 것도 아니다. 문제는 공동체 전체에 있다. 공동체는 다른 누구도 이룰 수 없는 과업을 이루도록 부름받았기 때문에 그 존재는 필수적이다. 그런데도 신학교 공동체가 가장 기본적인 그 확신을 잃은 데 문제가 있다.

헌신이 부족한 것이 아니다. 누구든 잘 동원하여 길만 열어 주면 산도 옮기고 파도도 잠재울 만큼 헌신은 충분하다. 공동체의 과업은 커다란 희생과 커다란 자기 부인을 통해 확실하고 자명한 하나님의 일을 행하는 것이다. 가장 어려운 그 과업에 소명 의식이 있는 공동체라면 그 도전의 사역에 동참할 사람들을 찾기란 전혀 어렵지 않다고 나는 확신한다. 오랜 시간의 고된 수고와 큰 희생을 약속하는 곳에는 강하고 헌신적인 사람들이 모여들지만, 풍요한 사회의 모든 편익과 보호와 성공을 약속하는 곳에는 약하고 게으르고 미숙한 사람들만 남게 마련이다. 안타까운 일이지만, 신학교를 떠나는 사람들이 언제나 약하고 게으른 것이 아니다. 대개 강하고 헌신적인 사람들이 신학교를 떠난다. 편하게 살며 대충 잘하기에는 드리고 싶은 것이 너무 많기 때문이다.

신앙 공동체의 과제는 안락한 상황에서 끊임없이 벗어나, 생명을 드리려는 자들만이 가기 원하는 길을 찾는 것이다. 교육, 병원 사역, 선교 등 분야는 어디에나 있다. 그러나 이런 사역에 큰 결실과 성공이 보이기 시작하면 곧바로 생각해야 할 것이 있다. 그때가 유혹의 단계라는 사실이다. 그것은 다시금 타성을 깨뜨려야 한다는 도전이다. 앞에서 진단을 통해 알아낸 우울증도 최종 분석하면 다분히 이 증상—공동체가 에클레시아이기를 포기하고 불기둥과의 접촉을 끊으려는 증상—이나 다를 바 없다. 신앙 공동체는 이 불과 접촉을 유지할 때만 존속할 수 있다. 오순절날 새 공동체의 상징이 된 것도 이같은 불이었다. 사도들은 두려워 함께 웅크리고 서로 매달린 것이 아니라 문을 열고 세상으로 나가 각기 다른 곳으로 흩어졌다. 그들은 자신을 떠받치며 붙들고 있는 것이 동정과 우정의 심리적 체험 이상의 것임을 알았다.

예수님이 고집 센 베드로에게 세 번이나 물으시며 가르치신 것도 바로 이것이다.

"네가 이 사람들보다 나를 더 사랑하느냐?"

예수님이 뜻하신 사랑은 필리아가 아닌 '아가페'였다. 베드로는 한참 후에야 그 차이를 깨달았다. 예수님의 말씀은 오직 하나님의 사랑인 아가페만이 베드로의 소명을 이룰 수 있게 한다는 의미였다. 그 소명은 더는 스스로 띠 띠고 원하는 곳으로 다니지 않고 남들이 그 팔을 벌리고 띠 띠워 원치 않는 곳으로 데려가는 것이었기 때문이다 (요 21 : 18). 베드로는 늙어서야 그 일을 할 수 있었다.

신학교의 훈련도 그런 성숙을 위한 것이다. 새로운 사랑으로 능력을 입어, 십자가가 더는 우울의 징표가 아니라 희망의 징표임을 깨닫는 장성한 사람을 길러 내기 위한 것이다.

Intimacy and the ministry

친밀함과 사역

6 사역자와 정신 건강

The priest and his mental health

중증 환자가 정신 병원에 입원하는 자리에 같이 있어 본 일이 있다면 정신과 의사가 던지는 질문에 놀랐을 것이다. 의사는 "무엇이 문제입니까?" "어디가 불편하십니까?" 하고 묻지 않고 간혹 이렇게 묻는다. "지금이 몇 시인지 말씀해 보시겠습니까? 오늘은 무슨 요일인지 아세요? 지금은 몇 월입니까? 올해는 몇 년도입니까?" 질문은 이렇게 이어진다. "지금 여기는 어느 나라, 어느 지방입니까?" 끝으로 의사는 이렇게 묻는다. "이름이 무엇입니까? 친구들은 누구입니까? 하시는 일은 무엇입니까?"

의사는 왜 이런 뻔한 질문을 던지는 것일까? 환자가 자신이 처한 시간과 장소와 자신의 정체를 알고 있는지 확인하기 위해서이다. 시간과 장소와 존재에 대한 방향 감각, 즉 자신에 대한 올바른 현실 인식이야말로 인간의 정신 건강의 기본이기 때문이다.

이는 정신 건강의 최고 기본이기도 하지만 모든 차원의 행동에도 중대한 요소가 된다. 인생의 괴롭고 힘든 문제들은 언제나 기본과 상관이 있다. 우리는 사랑받지 않고는 존재할 수 없다. 그럼에도 사랑하고 사랑받는다는 것은 한평생 우리의 가장 큰 고민 거리다. 마찬가지로 시간과 장소와 존재에 대한 방향 감각은 인간의 정신 건강의 근본이다. 나이가 들어 날마다 인생의 새로운 현실에 조금씩 부딪힐 때도 그 도전은 사라지지 않는다. 격동의 상황에 처해 엄중한 재평가와 극단적 자기 비판의 소지가 높은 사람들에게 특히 그렇다. 그것이 우리가 사는 세상이다. 사역자의 세상은 더욱 그럴 것이다. 현대 세계의 사역자에게 "나는 누구이며 어느 시공에 처해 있는가?" 하는 질문은 결코 답하기 쉽지 않은 물음이다. 새롭고 혼란스런 현실에 갑자기 부딪혀 괴로울 때 사역자는 그런 방향 감각을 상실할 수 있다. 그것은 곧 정신 건강이 위태롭다는 뜻이다.

그래서 나는 사역자의 정신 건강을 건강한 시간 사용, 건강한 공간 개념, 건강한 자기 이해의 측면에서 살펴보려 한다. 이어 이 세 영역의 문제가 어떻게 현대의 사역자에게 정신적 고통을 주는 원인이 될 수 있는지 보여 줄 것이다.

건강한 시간 사용

사역자의 건강한 시간 사용이야말로 가장 뻔하면서도 가장 이해가 부족한 문제 중 하나이다. 시간 사용을 장기적 사용과 단기적 사용 둘로 나누어 생각해 보자.

장기적 시간 사용이란 사역자가 효과적 인생 계획이라는 맥락에서 매일, 매주, 매달을 어떻게 보내는지의 문제다. 새로 안수를 받은 많은 사역자들은 큰 야망과 높은 꿈, 거창한 기대를 가지고 신학교를 떠난다 해도 과언이 아니다. 흥분한 신임 사역자는 펠라기우스의 손색없는 제자로 목회 활동에 뛰어드는 경향이 있다. 그러나 머잖아 소위 '구속(救贖) 콤플렉스'의 피해자가 될 수 있다. 자기 관할권 내에서 그는 거의 무소부재의 위력을 발휘한다. 성경 공부, 기도회, 행사 준비, 특별 집회, 친교 모임, 재정 회의, 예배 등 절대로 빠지는 곳이 없다. 만나자는 사람들을 다 만나고, 문제에 빠진 교인들을 지도하고, 부부 상담을 실시하고, 초등학교에서 고등학교까지 공과를 가르치는 등 만인의 필요에 항상 열려 있다. 자신의 필요만 빼고 말이다. 초청을 거부하거나 부탁을 거절하는 일도 드물고 골방에 들어가 있는 시간도 별로 없다. 그리고 과연 보상이 뒤따른다. 인기가 올라간다. 교인들이 다 좋아한다. 교인들은 그가 친절하고 자상하고 이해심이 많다며 이렇게 말한다.

"교인들에게 정말 자신을 내어 주는 분이다. 적어도 우리들 상황을 다 알고 있지 않은가. 저번 목사와는 다르다. 이 젊은 목사는 언제나 우리 곁에 있다."

과연 '언제나'다. 그는 동료 목사들에게 자랑스레 말한다. 하루에 다섯 시간 이상 자는 일이 없고, 직책상 꼭 필요한 것 외에는 책 읽을 기회도 없으며, 단 한 시간 운동할 짬도 내기 어렵다고.

알다시피, 이것이 바로 구속 콤플렉스 절정기이다. 하지만 그것이 얼마나 오래 갈까? 2년? 4년? 5년? 머지않아 모든 것이 달라 보이기 시작한다. 그렇게 열심히 뛰었건만 주변 세상은 생각처럼 달라지지 않는다. 사람들은 처음 만났을 때와 별반 다르지 않다. 이전과 똑같은 문제가 계속 터지지만 더는 흥분이 일지 않는다. 그의 서재에는 신간 서적이나 새로운 사상이 들어온 적이 없다. 그리하여 서서히 권태감과 무력감이 스며들 수 있다. 그것은 생활 전반에 퍼져 나갈 때도 있다. 의문이 생긴다.

"내가 지금 뭐하고 있는 것인가? 달라진 것은 아무것도 없다. 여러 활동과 사람들과 나 자신에 지쳐 갈 뿐이다."

수면 부족으로 인한 육체적 피로, 동기 부족으로 인한 정신적 피로, 공급 부족으로 인한 영적 피로가 총체적으로 덮쳐 오면 무력한 체념에 빠지고 짜증이 늘며 심하면 우울증에 걸리기도 한다.

건강치 못한 장기적 시간 사용의 단적인 예다. 그토록 인기 좋고 감화력 있고 창의적인 사역자가 몇 년 만에 짜증 많고 공허하고 기계적이며 피곤한 사람이 되고 말았다. 교인들에게는 아닐지라도, 자기 자신에게 예수 그리스도 이후로 정작 달라진 것은 아무것도 없으며 해 아래 새것이 없다고 되뇔 뿐이다. 교구의 희망이요 교단의 꿈이던 많은 사역자가 분노와 실망에 빠진다. 가정을 지키려 직위에 매달리는 이들도 있고 새 삶을 찾아 다른 분야로 떠나는 이들도 있다.

그래도 이것은 다소 예외인 경우다. 이보다 훨씬 흔하게 나타나는 현상은 건강치 못한 단기적 시간 사용이다. 단기적 시간 사용이란 사역자가 하루를 어떻게 보내느냐 하는 문제다. 사역자에게는 일하는 시간과 쉬는 시간이 있어야 한다. 아주 중요한 사실이다. 일하는 중인지 쉬는 중인지 분간이 어려운 생활 방식도 있다. 하루종일 사람들에게 둘러싸여 지내는 사역자는 어떤 면에서 보면 항상 사무실에 있는 셈이다. 사람들이 아무 때나 찾아올 수 있기에 한시도 업무 분위기에서 완전히 벗어날 수 없다. 그러면서도 가장 엉뚱한 시간이 휴식 시간이 된다. 일하는 곳이 곧 먹고 자고 놀고 기도하는 곳이기도 하다. 자연히 시간 개념이 아주 모호해진다.

그 결과, 사역자는 특별히 고되게 일하는 것도 아니고 그렇다고 푹 쉬는 것도 아니면서 밤낮 없이 늘 바쁜 것 같은 기분에 젖게 된다. 미리 정해진 활동도 있지만 돌발적으로 일어나는 일도 많다. 이런 사역자는 몇 시간 후 자신이 무슨 일을 하고 있을지 알 도리가 없다. 이는 책임감이 강한 사람에게 심한 좌절을 안겨 줄 수 있다. 만족감이 없다 보니 '더 잘하지 못했다'는 느낌이 들면서 자투리 시간까지 바쳐 일에 매달리는 경우도 생길 수 있다. 결과는 자신에 대한 실망만 커질 뿐이다.

낮과 밤, 일과 쉼, 의무와 취미의 구분이 흐려질 때 삶은 리듬과 방향을 잃는다. 이런 '건강치 못한 삶'은 사람을 시간의 주인이 아닌 피해자가 되게 함으로써 결국엔 영성과 창의력을 말살시킬 수 있다. 이런 사역자는 항상 바삐 뛰고 있을 뿐, 걸음을 멈추고 그 바쁜 삶의 의미와 효율을 돌아보는 일이 거의 없다. 걸음을 멈추고 생각에 잠기는 것이 두려울 때도 있다. 바쁘고 피곤한 삶과 유용하게 쓰임받는 삶은 엄연히 다르다는 사실이 밝혀질까 겁나는 것이다.

이런 문제는 특히 독신 성직자의 경우에 더 심하다. 일례로, 신부는 집을 떠나 출근하지도 않고 하루 일과를 마친 후 퇴근하지도 않는다. 자신의 삶을 객관적 입장에서 보게 해줄 사람이 없는 셈이다. 그는 언제나 집에 있으면서도 한시도 집에 있을 때가 없고, 언제나 일터에 있으면서도 한시도 일터에 있을 때가 없다. 시간이나 활동에 전혀 구분 없이 언제나 성의를 입고 있다. 이런 건강치 못한 단기적 시간 사용은 머지않아 만성 피로와 만성 권태감으로 이어질 수 있다.

한마디로, 건강한 시간 사용은 사역자의 신체적, 정신적, 영적 건강을 유지하는 데, 사역자로서 그의 인생의 장기적 성공을 위해서만이 아니라 하루하루 삶의 창의력과 영성을 위해 꼭 필요하다.

건강한 공간 개념

건강한 시간 사용 외에 건강한 공간 사용도 사역자의 정신 건강에 매우 중요하다. 건강한 공간 개념에 대해 살펴보자. 천주교의 경우, 신학생과 교구 주교와 사제들은 대부분 단체로 한 지붕 밑에 살며 삶의 모든 다양한 영역을 서로 공유한다. 오늘날 천주교 신학교의 중대 문제 중 하나는 '총체적 제도화'에 있다. 신앙 함양, 공부, 사교 생활, 체육 등 학생들의 삶에서 모든 부분이 같은 지붕, 같은 규칙, 같은 권위 아래 철저히 제도화되어 있다는 뜻이다. 엄격한 하나의 환경이 학생들 생활의 모든 차원에 파고들어 그들의 삶을 지배하고 있다.

비단 신학교만 그런 것이 아니다. 신앙 공동체의 삶과 사제관의 삶도 많은 면에서 다를 바 없다. 총체적 제도화라는 측면에서 천주교와 경쟁할 수 있는 기관은 군대밖에 없지 않을까 생각될 정도다.

사역자와 신학생이 처한 상황은 숨막히게 느껴질 때가 많다. 먹고 마시고, 놀고 기도하고, 자고 밤을 지새고, 공부하고 공상하고, 극장에 가고 운동하는 모든 활동이 직·간접으로 한 권위 아래 있다. 답답하게 갇혀 있는 것이다.

재계나 학계에 있는 사람이 종종 적잖은 좌절을 견뎌 낼 수 있는 이유는 여러 현실과 긴밀한 관계가 있다. 우선, 집에 돌아오면 일터의 까다로운 상사가 없다. 특정 모임의 지도자가 되는 것이다. 아내와 아이들과 휴가를 보낼 때면 직업상의 권위와 책임과는 다른 권위와 책임을 행사할 수 있다. 골프장에 가면 부부간의 갈등과 자식들 문제를 잠시 잊을 수 있다. 다시 말해서 그들에게는 가정, 일터, 휴양지, 골프장, 교회 등 삶의 터전이 다양하다. 이 모두 인생의 다른 현실들이며 그에 따른 권위와 책임도 각기 다르다. 그들에게는 다양한 차원의 삶이 있다. 그것들은 서로 완전히 분리되지는 않았지만 일상생활의 많은 짐과 압박을 예방, 보상, 해소하는 역할을 감당할 만큼 충분히 구분돼 있다. 괴롭히는 직장 상사의 얼굴을 하루 종일 대하지 않는다. 직업이 관광 안내원이라서 늘 웃고 친절해야 하는 사람도 집에서는 잠깐 화를 낼 수 있다. 직장에서는 자기 비서에 대해 아무에게도 말할 수 없지만 찻집에서 친구들을 만나면 속을 털어놓을 수 있다. 각기 다른 장소와 각기 다른 공간, 거기서 건강한 균형이 창출될 수 있다.

신학생이나 사역자에게는 이런 다양한 공간이 부족할 때가 많다. 모든 생각과 감정과 행동과 말과 글이 궁극적으로 같은 권위나 위계질서의 비판적 시선 아래 있다. 상급 목사는 하급 목사에게 8시부터 5시까지 전문 사역의 책임만 기대하는 것이 아니라, 매주 한 번씩 자신의 여가 파트너가 되어 주고 자기 친구들과 어울려 주고 저녁 파티에 같이 가고 심지어 골프 상대가 되어 줄 것까지 원한다. 그러면서도 그는 하급 목사가 술을 마시거나 특정 텔레비전 프로그램을 보거나 길거리 창녀들과 말을 주고받거나 특정 복장을 하거나 특정 상품을 사거나 사무실에 여자를 들여놓는 것 따위는 원하지 않을 것이다. 그야말로 영적 질식이라 할 수 있다. 이것 때문에 자신이 막연한 관계의 사슬에 묶여 있다고 생각하는 신학생과 사역자가 많다. 도망치지 않는 한 벗어날 수 없는 사슬이다. 이런 상황에 있다면 숨쉴 곳을 찾아서 목회의 길을 떠날 생각을 얼마든지 할 수 있다.

건강한 공간 개념과 떼어 놓을 수 없는 것이 '권위 대 책임' 문제다. "내 권위는 어디까지인가?" 그것이 문제인 것이다. 우선, 책임은 신속히 분담되지만 그에 따른 권위는 좀처럼 주어지지 않는다. 현대 세계의 사역자가 져야 할 막중한 책임을 강조하는 설교와 강의와 이야기가 신학교에 얼마나 많은가. 그러나 그 책임에 언제나 권위가 수반되는 것은 아니다. 사역자는 교단의 분위기를 건전하게 이끌 책임이 있으나 규칙을 바꿀 권한은 없을 때가 많다. 의미 있는 예배 의식을 수행할 책임이 있으나 실험의 폭은 넓지 않다. 훌륭한 교육에 대한 책임이 있으나 정해진 순서대로 가르쳐야 한다. 특히 효과적 상담에 대한 책임이 있으나 자신의 견해를 자유로이 밝히기 어렵다. 자신의 권위가 아닌 타인의 권위를 대표해야 하기 때문이다.

이것은 총체적 제도화의 현실에서 삶의 모든 영역이 중앙 통제를 받는다는 뜻이다. 여기에는 장점도 있다. 장군이 지휘할 수 있는 병력이 일부에 국한되거나 그 지휘가 아침 8시부터 저녁 5시까지만 유효하다면, 그 장군은 분명 전쟁에서 승리할 수 없다. 그러나 사역자의 경우 생각할 문제가 있다. 사역자가 정말 전쟁 중이냐는 것이다.

또 다른 문제가 있다. 더 복잡한 문제일 수도 있다. 바로 '그림자 통치'의 문제다. 권한이 있다고 해도 자기의 권한이 어디까지인지 늘 확실하지 않다. 막연한 권한 때문에 고민하는 사역자가 많다. 기관 목사는 자기 권한이 어디까지인지 모른다. 담임 목사가 어디선가 그를 감시하기 때문이다. 담임 목사는 자기 권한이 어디까지인지 모른다. 지방회에서 각 교회를 주시하고 있기 때문이다. 지방회는 다시 교단에서 어떻게 생각할지 확실히 모른다. 문제는 누가 누구보다 권위가 많은 데 있지 않고 권위의 반경이 분명하지 않은 데 있다. 현안에서 멀어질수록 구름은 더 짙다. 권위에 관한 많은 두려움과 불안은 권력 자체보다는 권력의 모호한 범위와 더 연관이 있을 것이다.

그로 인해, 책임을 맡은 사람들은 언제나 공중에 붕 떠 있다. 정확히 누가 무슨 말을 하는지 아무도 모른다. 그렇게 핵심에서 멀어질수록 사람들은 더 희미한 익명의 존재가 된다. 그림자 통치란 바로 이것을 두고 하는 말이다. 얄궂게 영원의 세계-만질 수 없는 성스러운 신비 속에 모든 선(線)들이 하나로 녹아드는-를 닮은 셈이다.

요컨대, 건강한 공간 개념이란 장소와 방의 건강한 구분만 뜻하는 것이 아니라, 그와 관련하여 우리가 살아가는 다양한 지붕에 속한 책임과 권위에 대한 건강하고 명확한 규정을 뜻하는 말이기도 하다.

건강한 자기 이해

그러나 이 모든 이야기 후에도 우리는 아직 문제의 핵심에 도달하지 못했다. 건강한 시간 사용과 건강한 공간 개념보다 더 근본적인 것은 건강한 자기 이해다. 급변하는 세상 속에서 사역자가 부딪치는 가장 핵심적 질문이 있다.

"나는 누구인가?"

전 세계적으로 사역자 수가 급속히 감소하는 현상은 교회 전체와 아울러 사역자 개개인이 정체감의 위기에 들어섰음을 단적으로 보여 준다. 사역자는 의문에 빠진다.

"나는 누구이며 내가 할 수 있는 일은 무엇인가?"

사역자의 현실적 방향 감각을 자기 이해의 측면에서 살펴보자. 개인적 정체감과 직업적 정체감을 구분하여 생각하려 한다.

'내가 누구인가' 하는 기본적인 차원에서 개인적 정체감 위기에 빠진 사람이 있다면 그것은 심각한 병이다. 깊은 우울증과 강박 행위와 각종 정신 질환 행동이 나타난다면 그것은 정신과 의사의 도움과 때에 따라 입원이 필요하다는 신호다. 이런 중증 정체감 혼돈을 겪는 사역자는 많지 않지만, 그럼에도 이 기본 문제는 어느 정도는 모든 인간의 문제요, 특히 모든 사역자의 문제라 할 수 있다.

사역자는 동료 인간 사이에서 자신을 어떻게 보고 있는가? 프라이버시와 교제, 친밀함과 폭넓은 사교의 관계를 각각 어떻게 보는가? 본질상 인간 존재란 '함께 있는' 것이다. 나는 이 세상에 혼자 있지 않고 타인과 세상을 공유하고 있다. 이 세상(나의 물리적 정체에 따라 내게 일정 역할을 기대하며 나를 판단하는)에서 건강한 삶을 살려면 다음 두 가지가 반드시 필요하다.

첫째, 도전하는 세상의 얼굴을 피해 숨을 수 있는 나만의 내적 프라이버시가 반드시 필요하다. 둘째, 세상에서 관계의 위계를 형성해야 한다. 우선, 내 삶의 가장 가까운 반경에서 가장 친한 사람을 찾는다. 그 친밀함의 반경 바깥에는 가족과 사랑하는 친구들의 반경이 있다. 거기서 좀 더 멀리 나가면 친척들과 아는 사람들이 있고, 더 멀리 나가면 회사의 직장 동료들이 있다. 끝으로, 이름은 모르지만 막연하게 나의 세상이라 부를 수 있는 지경에 속해 있는 인류 전체의 반경이 있다.

이렇듯 나는 점점 넓어지는 많은 반경의 사람들에게 둘러싸여 있다. 반경의 문턱에는 보초를 세워, 친밀한 관계로 들여보낼 사람을 세심하게 점검한다. 동료 사역자에게는 할 수 있지만 버스 운전기사에게는 할 수 없는 말이 있다. 부모에게는 할 수 있지만 친구에게는 할 수 없는 말이 있다. 그러나 아무도 들어올 수 없는 곳, 완전히 나 혼자인 곳, 나 자신의 가장 내밀한 프라이버시를 간직하는 곳이 있다. 여기가 바로 하나님, 성육신을 통해 타자(他者)의 옷을 벗으신 분을 만날 수 있는 곳이다. 인간이 세상의 얼굴을 피해 숨을 수 있는 것이야말로 모든 공동체 형성의 기본 조건이다. 프라이버시가 없는 사람은 공동체의 일원이 될 수 없다.

사역자의 문제가 바로 여기에 있다. 사역자는 혼자만의 공간인 사생활을 잃을 때가 많고 문턱에 보초를 세우지 못할 정도로 관계가 위계 없을 때도 많다. 모두에게 친절히 대하지만 정작 자신은 친구가 없는 경우가 비일비재하다. 항상 조언과 상담을 베풀지만, 정작 자신은 고민과 문제를 안고 찾아갈 사람이 없다. 가정에서도 참된 친밀함을 발견하지 못한 채 교인들을 찾아다니며 소속감과 안정감을 얻으려 하기도 한다. 교인들 중에서 친구를 얻으려 한다는 것은 곧 사역자가 교인들을 위해 있는 것이 아니라 교인들이 사역자를 위해 있다는 얘기다. 인정을 받으려고 내담자들에게 매달리며 성도들에게 의존한다. 행복을 느낄 친밀한 관계를 발견하지 못한 사역자에게는 교인들이 필요 충족의 수단이 된다. 교인들과 많은 시간을 함께 보내지만 그들의 필요가 아닌 자신의 필요를 채우기 위해서다. 그런 식으로 사역자는 관계의 위계를 잃는 경향이 있다. 결국 한시도 안정감을 느끼지 못하고 늘 긴장하며 지내다 끝내는 오해만 받고 심한 고독에 빠지게 된다.

만인을 사랑하라고 배운 사람이 실상은 친구가 하나도 없고, 집중적인 기도 훈련을 받은 사람이 혼자 있을 수 없다는 것은 역설이다. 바깥 사람 아무에게나 속을 내보이기 때문에 따로 가까운 이들에게만 보여 줄 부분이 없다. 내밀한 프라이버시의 담이 허물어져 혼자만의 공간도 남아 있지 않다. 자신을 너무 많이 내준 사역자는 끊임없이 다른 사람들과 함께 있지 않으면 견딜 수 없다. 자신이 온전한 한 인간임을 느끼기 위해서이다.

여기서 사역자는 위기 상황에 처한다. 영적인 삶과 좋은 친구가 없는 그는 소리 나는 구리와 울리는 꽹과리 같다. 이 질문의 이면에 있는, "지도자는 누구의 지도를 받을 것인가?" 하는 물음을 깨닫지 못한다면, 이 말은 한낱 구식 설교처럼 느껴질 것이다. 정신 치료사가 전문적 도움을 통해 자신의 정신 건강을 끊임없이 재평가할 의향이 없다면 유능한 의사가 될 수 없다. 하지만 사역자들 중에서 자신과 남들의 복잡한 신앙 문제 해결을 도와줄 영적 스승을 둔 사람이 과연 얼마나 될까? 사역자들 중에 유능한 신학자, 훌륭한 교사, 탁월한 행정가, 촉망받는 작가, 기타 사회학과 심리학과 수학과 철학 분야에 뛰어난 사람들은 많이 있다. 그러나 지극히 개인적인 신앙 문제로 동료 인간들과 특히 동료 사역자들을 도울 수 있는 사람이 얼마나 될까? 흰 까마귀만큼이나 드물 것이다. 그래서 매우 시급한 문제 중 하나가 여전히 남아 있다. "목사의 목사는 누구인가?"

여기서 우리의 마지막 주제이자 가장 구체적인 주제가 나온다. 사역자의 직업적 정체감 문제다. 건강한 자기 이해는 세상 속의 한 개인으로서 건강한 자기 인식만 아니라 한 전문인으로서 건강한 자기 인식을 뜻하는 말이기도 하다.

첫째 질문이자 가장 확연한 질문은 이것이다. "우리는 정말 전문인인가?" 우리가 사는 사회는 급속한 전문화 추세를 보이고 있다. 의사, 정신과 의사, 심리학자, 사회사업가, 변호사, 판사, 건축가, 기술자 등 전문 교육을 받은 사람들이 계속 늘고 있다. 새로운 전문 분야도 해마다 생겨나 정신 치료 분야에는 음악 치료사, 그룹 치료사, 직업 치료사 등이 따로 있다. 모든 사람들이 전문성을 갖고 전문화 세계에서 전문 훈련을 통해 제자리를 찾고 있다. 사역자는 어떤가? 그의 전문 분야는 무엇인가? 그만의 독특한 기여는 무엇인가? 모든 것을 조금씩 알고 있지만 정작 잘하는 것은 아무것도 없다는 생각에 많은 사역자들이 깊은 좌절을 느끼고 있지 않은가? 많은 사역자들이 자신을 아마추어 상담자, 아마추어 사회사업가, 아마추어 심리학자, 아마추어 그룹 리더, 아마추어 교사로 느끼고 있다. 진정 프로인 영

역은 어디란 말인가? 많은 사역자들이 전문인 환경에 아주 불편을
느끼는 것도 놀랄 일은 아니다. 대학원을 마친 후 4-5년씩 더 공부
한 사역자들도 소위 '못 배운 사람들'과 있을 때 마음이 더 편하다.
 사역자들이 이렇게 느낄 만한 이유는 충분히 있다. 의사는 4년 간
이론을 배운 뒤에도 최소한 2년은 엄격한 지도 아래 인턴 과정을 거
쳐야 독립 의료 행위가 가능하다. 심리학자는 철저한 통제와 지도를
통해 적어도 2년 간의 실습을 거치지 않고는 혼자서 일을 시작할 수
없다. 사회사업가도 다년간 자기 분야의 엄격한 지도를 거쳐서만 얻
을 수 있는 직함이다.
 하지만 사역자는 어떤가? 대부분의 사역자는 4년 간 신학을 공부
한 뒤 인턴 과정 없이 곧바로 목회 사역에 뛰어든다. 기껏 일 년 정도
목회 실습을 거친다 해도 꼭 필요한 개인 지도—실습 경험을 진정한
학습 경험이 되게 해줄—를 받는 사람은 거의 없다. 예비 사역자들의
설교를 꼼꼼히 지도해 준 사람은 누구인가? 그들의 목회 상담을 관
찰하여 일대일로 비평을 들려 준 사람은 누구인가? 예배 의식 중에
손짓과 음성과 눈빛을 통해 의미 있는 표현을 하도록 도와준 사람은
누구인가? 특히 4년 동안 이론 교육을 통해 쌓은 그들의 지식과 정
보가 다양한 교인들—혼란에 빠진 십대, 길을 찾는 대학생, 회의에
빠진 남편, 절망 가운데 있는 아버지, 우울한 과부 등—과 맺는 구체
적 관계에 얼마나 적합한지 따져 볼 수 있도록 지도해 준 사람은 누
구인가? 목회에 대한 기대가 현실적인 것이며 열망과 필요가 바람직
한 것인지 점검하게 해준 사람은 누구인가? 지혜로운 선택을 내리며
가능한 실패를 받아들이도록 가르친 사람은 누구인가? 자신의 한계
를 파악하게 해준 사람은 누구인가? 교인들과 맺은 관계는 물론 상
급자들과 관계에서 복잡한 권위 문제에 대처하는 법을 일러 준 사람

은 누구인가? 자기 분야의 공부와 연구에 더 힘쓰도록 권해 준 사람은 누구인가? 새로운 경험을 통합할 수 있도록 지도해 준 사람은 누구인가? 한마디로, 이들 사역자를 진정 전문인 되게 해준 사람은 누구인가?

사회학자 오즈먼드 슈뢰더(Osmund Schreuder)는 이렇게 썼다. "우리 시대 성직자의 위기는 이러한 직업 분야의 전문성 개발 부족과 관련이 있는 듯하다."[1] 이 말이 사실이라면 우리는 정신 건강 문제에 부딪힌 것이다. 자신의 능력에 영속적 회의가 있는 사람은 정신적으로 건강하다고 보기 어렵기 때문이다.

둘째 질문은 이것이다. "우리 일에 전문성이 있다 해도 그것은 과연 보상이 따르는 직업인가?" 창의적으로 열심히 일하는 전문인은 보상을 받게 마련이다. 사람들은 그의 일솜씨에 찬사를 보낸다. 칭찬과 월급 인상과 진급이 따른다. 이렇게 손에 닿는 가시적 보상을 통해 그는 자신의 전문직을 더욱 소중히 여기게 된다.

사역자는 어떤가? 많은 사역자들이 자신의 사역을, 어쩌다 빈자리가 생긴 곳을 채우는 정도로 생각한다. 특수한 상황에 적용할 수 있는 자신의 특수한 전문 기술 때문에 그곳에 간 것이 아니라 그 일을 맡을 만한 다른 사역자가 없어서 간 것이다. 일단 그 자리에 들어서면 아무도 그의 일에 상관하지 않는다. 물의를 빚거나 신문에 삐딱한 글을 기고하거나 전반적으로 기존 질서를 해치지 않는 한, 누구도 뭐라 하지 않는다. 조용한 사역자의 보상은 상부의 침묵이다.

소속 사역자를 칭찬하는 교단은 찾아보기 어렵다. 상부에서 바라는 것은 '감사'를 바라지 않고 묵묵히 일만 하는 것이다. 칭찬과 감사와 보수와 인정을 받고 싶은 마음을 스스로 부인하는 사역자도 많을 것이다. 순종에 대한 일부 왜곡된 견해는 감사와 만족을 바라는 마음조차 금하고 있다. 순수한 칭찬을 받아들일 줄 아는 사역자가 참으로 적다는 것은 놀랄 만한 사실이다. 받아 본 적이 없어 당황한다. 칭찬을 받으면 큰일이라도 난다는 듯이 말이다. 그러나 학기말의 학점이 학업에 대한 만족의 전부인 사람은, 날마다 재미있게 공부하고 좋은 학점까지 받는 사람에 비해 정신적으로 덜 건강하다. 후자의 경우는 하루하루가 재미있지만 전자의 경우는 작은 만족을 위해 큰 고생을 치러야 한다. 사역자가 나날의 목회 사역에 재미를 못 느끼고 그저 인생 끝에 주실 하나님의 점수만 기대하고 있다면 그의 정신 건강은 위험한 상태이다. 동료 인간들에게 생명과 행복을 가져다 주는 그의 중대한 사역도 똑같은 상태이다.

그 중에서도 사역자의 일상 생활에서 가장 찾아보기 힘든 만족이 있다. 전문 분야의 성장에 대한 만족이다. 전문인의 과제는 그 분야의 지식을 따라잡는 정도가 아니라 자신도 그 분야에 창의적 공헌을 하는 것이다. 전문인이라면 누구나 아는 사실이다. 의사와 심리학자는 최선을 다해 사람들을 돕기도 하지만 그 과정을 통해 자기 분야를 위한 새로운 통찰을 찾기도 한다. 알레르기 환자를 수백 명씩 보는 의사는 체계적 치료 방식을 통해 환자들을 도울 뿐 아니라 의학 발전에도 기여하게 된다.

사역자가 날마다 만나는 사람들은 신학 발전의 중요한 원천 중 하나지만, 그 사실을 인식하고 있는 사역자가 얼마나 될까? 하나님이 인간이 되셨기 때문에 인간이야말로 하나님을 이해할 수 있는 주요 원천이다. 병원이 의사의 연구 현장인 것 못지 않게 교회는 사역자의 연구 현장이다. 우리에게 이 경험 신학의 필요성을 가장 잘 일깨워 준 사람은 아마도 개신교 정신 병원 원목 앤톤 보이슨일 것이다. 그는 이렇게 말했다.

"어느 역사가도 자신이 연구 중인 주제에 관해 다른 역사가의 단순한 주장을 무턱대고 받아들이지 않는다. 나도 이미 다 만들어져 책에 나와 있는 공식에서 시작하지 않고 인간이라는 살아 있는 자료와 복잡다단한 사회의 실제 상황에서 시작했다."2)

사역자는 날마다 인간이라는 살아 있는 자료를 접한다. 그것을 읽고 이해하며 신학적 묵상의 끝없는 출처로 삼을 수만 있다면 사역자의 삶에는 언제나 새로운 경이와 영감과 창조가 끊이지 않을 것이다. 인간의 모든 문제와 갈등과 행복과 기쁨 중에서 하나님에 대한—인간을 향한 그분의 사역에 대한—더 깊은 이해로 연결될 수 없는 것은 없다.

이렇듯 목회라는 전문직은 사역자에게 하나님께 대한 책임을 요구한다. 인간과 마찬가지로 언제나 변하면서도 언제나 동일하신 하나님을 늘 살아 있는 존재로 드러내야 하는 것이다. 바로 여기가 사역자가 자기 분야의 심장이 될 수 있는 부분이다.

건강한 자기 이해, 이것이 우리의 마지막 주요 주제였다. 개인적 자아에 대한 건강한 자기 인식은 건전한 신앙 생활과 친밀감을 바탕으로 한다. 그것과 현실적으로 깊게 맞물린 것이 직업적 자아에 대한 건강한 자아 인식이다. 이것을 통해 우리는 유사 전문 분야와 어깨를 나란히 하여 겸손하고도 만족스럽게 전문가의 자리를 지킬 수 있다.

이제 사역자의 방향 감각에 대한 이야기를 마치려 한다. 사역자는 시간과 장소와 자신의 정체에 대한 방향 감각이 제대로 되어 있는가? 자신이 처한 시간과 장소를 아는가? 자신이 누구인지 아는가?

시끄러운 세상은 사역자의 균형—사생활과 공생활의 균형, 숨겨 둘 부분과 드러낼 부분의 균형, 묵상과 활동의 균형, 공부와 사역의 균형—을 위협하고 있다. 이 위협에서 불안이 싹트고 상처가 남는다. 그러나 상처를 바로 이해하면 불안은 얼마든지 건설적으로 변할 수 있다. 정직한 진단을 통해 더 나은 미래를 내다볼 수 있다.

7
캠퍼스 사역을 위한 훈련
Training for campus ministry

제 2차 세계 대전 때 많은 개신교와 천주교의 군목들은 아주 난감한 문제에 부딪혔다. 어떻게 교회당 없이 사역자 역할을 할 것인가? 야전에는 연단도 없고 강도상도 없고 성경 공부반도 없고 토의 그룹도 없다. 많은 군목들이 연장 잃은 목수 심정이었다. 그들은 자문할 수밖에 없었다. "나 자신 외에 아무것도 없이 뭔가를 할 수 있을까? 성직 제복도 책도 성찬 용기(容器)도 없이 사역자 노릇을 할 수 있을까?" 비상시였던 만큼 수많은 사람들이 급조된 세미나를 통해 새로운 현장 사역에 필요한 기본 훈련을 받았다.

오늘날 대학 캠퍼스는 2차 대전 당시의 전쟁터와 같다. 사역자들이 많은 학생들에게 다가가 일할 수 있던 기존 채널은 삐걱거리거나 위는 웃음을 자아내는 낯선 추억이 되고 말았다. 채플은 인기 없는 곳이 되었다. 예배나 기타 종교 행사에 찾아오는 학생은 전체 학생 수에 비하면 소규모에 지나지 않는다. 성경 공부 반이나 토의 그룹이나 수련회는 아직 많은 학생들이 좋아하고 있지만 과연 얼마나 갈지 의문이다. 시간이 지날수록 우리 사역자들은 종교적 스트립쇼의 피해자가 된 기분이다. 학생들은 우리 직책의 옷가지를 하나하나 벗기려 한다. 꼭 이렇게 말하는 것 같다. "당신의 벌거벗은 모습을 보고 싶군요. 그래야 당신의 가치를 알 수 있지요."

한마디로 우리는 과거의 채널과 기존 방식에 의존할 수 없으며 철저히 자신의 자원에 의존해야 한다. 거기서 큰 불안이 야기된다. 어윈 구디너프(Erwin Goodenough)는 이렇게 표현했다. "하나님과 대화하는 통로였던 커튼이 찢어졌고, 우리는 그 커튼 없이 살아갈 수 있을지 의아해 하고 있다."[1]

이런 혼돈의 한복판에서 우리는 훈련을 원한다. 그러나 훈련의 목표가 분명하지 않은 상태라면 훈련을 말할 수 있을까? 캠퍼스 사역자가 된다는 것은 무슨 뜻인가? 캠퍼스 사역자의 역할이 분명해지면 훈련의 주요 영역도 분명해질 것이다. 그래서 나는 우선 서로 밀접하게 연관된 두 질문을 제시하려 한다.

1) 캠퍼스라는 상황에서 어떻게 유능하고 효율적인 사역자가 될 수 있을까?

2) 캠퍼스의 환경은 본질상 사역자의 헌신에 계속 도전을 가하며 끊임없이 변화한다. 그런 환경에서 어떻게 온전하고 통합된 한 인간으로 자신을 지킬 것인가?

둘째 질문은 대개 잘 생각해 보지 않는 문제지만 첫째 질문보다 훨씬 중요하다. 그래도 우선은 당장 아쉬운 문제부터 시작하여 점차 깊은 부분으로 들어가기로 하자. 거기까지 이야기가 되면 드디어 마지막 질문을 던질 수 있다.

3) 이 특별한 사역을 맡을 사람을 준비시키는 최선의 방법은 무엇인가?

유능하고 효율적인 캠퍼스 사역자

대학에 속한 교수진과 다른 직원들에게도 관심을 갖기는 하지만, 캠퍼스 사역자의 주된 목회 대상은 학생이다. 여기서도 학생 목회에 초점을 맞추려 한다.

고등학교 때만 해도 대부분 학생들은 생활 형태가 아주 분명하고 잘 정해져 있다. 가정과 학교는 긴밀히 연계되어 있으며, 많은 전통과 관습과 법칙과 규율에 근본적 의문을 제기하는 경우는 별로 없다. 일부 형식에 관한 비판은 제기될 수 있지만 말이다. 많은 문제가 있지만 문제에는 해답이 있었고, 많은 질문이 있지만 모든 질문에는 답이 있었다. 형편없는 교사도 많았지만 가르칠 내용을 분명히 아는 똑똑한 교사도 있었다.

그러나 대학에 오면 모든 것이 달라진다. 집 떠난 학생들은 가족의 전통이라는 든든한 기반과 미래에 대한 분명한 목표가 없이 방황하기 시작한다. 기존의 해답들이 더는 통하지 않는다. 그동안 품어 온 신념에 의문이 일고, 조심스레 쌓아 온 신념이 흔들린다. 갑자기 무너져 내릴 때도 있고 서서히 허물어질 때도 있다. 대학이란, 과학이 지배하는 곳이요 연구와 가설이 으뜸으로 통하는 곳이다. 이 새로운 환경에서는 확신하는 태도야말로 의심의 표적이요, 물음표야말로 가장 존경받는 부호다.

하지만 묻는다는 것은 두려운 일이다. 답이 부정일 수도 있기 때문이다. 내 미래에는 희망이 있을까? 예, 혹은 아니오? 사랑한다는 것이 인간에게 정말 가능한 일일까? 예, 아니오? 다른 사람을 진심으로 걱정해 주는 사람이 과연 있을까? 예, 아니오? 끝으로, 인생은 살 만한 가치가 있는 것일까? 예, 아니오? 이런 질문을 던진다는 것은 위험한 일이다. 그래서 많은 사람들이 이런 질문을 외면한 채 하루하루 생각 없이 살아가는 쪽을 택한다. 풍랑 이는 바다에 배를 띄우는 것보다는 여태껏 생각하며 살아온 방식을 고수하는 편이 더 안전해 보이기 때문이다.

그러나 현미경과 실험 도구에 익숙하고 컴퓨터 실력을 자랑하는 학생들이 모든 도구에 의미를 부여하는 핵심 가치에 관한 이 같은 질문을 외면한다면, 그것은 불행한 천재가 되는 위험을 자초하는 일이다. 모든 것을 알되 자신의 삶의 이유만 모르는 자가 되는 길이다.

캠퍼스 사역자는 바로 이런 환경 속에서 사역자 역할을 해야 한다. 그렇다면 캠퍼스 사역자가 학생들에게 제시해야 할 것은 무엇인가? 세 가지로 나누어 살펴보려 한다. 분위기, 말, 집이다.

분위기

많은 학생들이 정말 원하는 것은 존재 의미에 관한 깊고 괴로운 질문의 해답이 아니라 그런 질문을 두려움 없이 던질 수 있는 분위기일지도 모른다. 많은 기독교 단체에서 볼 수 있는 가장 신기한 사실은 질문을 금기하는 현상이다. 그리스도의 신성, 여성 사역자, 낙태, 목사 임명 과정 등에 대한 질문은 재미있는 토론 거리가 될 수도 있지만 많은 사역자의 밥맛을 떨어뜨릴 수도 있다. 재미있는 정도로 그치는 질문이 아니라 폭발력을 지닌 위험한 질문이다. 전쟁의 도덕성,

학문의 진보의 가치, 일부일처제의 의미 등에 의문을 제기했다가는 창문으로 돌이 날아들 수도 있다. 이 모든 질문에는, 그간 우리가 테두리 쳐 둔 작고 안전한 공간이 실은 자기 기만의 가면에 지나지 않을 수도 있다는 의미가 깔려 있기 때문이다.

하지만 밖에서 던지는 질문이 그토록 두렵다면 안에서 나오는 질문은 얼마나 더 위협이겠는가? 내 삶은 가치 있는 것인가? 먹고 마시고 공부하고 싸우고 숨쉬고 존재하는 것은 과연 가치 있는 일인가? 우리가 알다시피 오늘날 캠퍼스에 가장 만연한 정신적 고통은 우울증이다. 우울증은 질문이 금지될 때 생기는 병이다. 억압된 질문은 속으로 삼켜져 깊은 죄책감으로 바뀐다. "나는 왜 사는가?" 하는 정당한 질문은 "살아 봐야 무슨 소용 있나?" 식의 쓰라린 자기 회의로 변질된다.

사역자는 이런 질문을 용납할 수 있는가? 가장 근본적인 회의가 두려움 없이 표현될 수 있는 분위기, 가장 성스러운 실체의 베일을 벗겨도 방어로 맞서지 않는 분위기, 절망을 절망으로 밝혀도 위협이 뒤따르지 않는 분위기. 사역자는 그런 분위기를 만들어 낼 수 있는가? 불가지론을 수용할 수 있는가? 인간이 인생의 실체를 알 수 없다는 사실을 받아들일 수 있는가? 과학 세계에 살아가는 사람들은 약간의 지식으로도 행복해 할 수밖에 없다. 구디너프는 이렇게 표현한다. "진정한 불가지론자의 관심은 인간이 진리를 '알' 수 있는가에 있지 않다. 불가지론자가 원하는 바는 현재 자신이 아는 것보다 조금 더 아는 것이다."[2]

기독교가 모든 회의와 무지와 무능의 만병통치약이 아닐진대, 우리는 두려움 없이 불가지론자가 될 수 있는 가능성, 안전한 테두리와 완벽한 해답 없이도 행복할 수 있는 가능성을 열어 놓아야 한다. 고든 올포트는 성숙한 종교의 한 속성으로 '구도자적 특성'을 꼽았다. 그는 이렇게 말한다. "구도자적 신앙이란 확인될 때까지 혹은 더 올바른 신앙을 찾을 때까지 잠정적으로 갖는 신앙을 말한다."3)

이 특성을 가장 잘 개발해야 할 곳이 바로 대학 캠퍼스이다. 캠퍼스에는 두려움 없이 구도하고 수치심 없이 질문할 수 있는 분위기가 필요하다. 질문에 가장 일차적으로 필요한 것은 대답이 아닌 수용이다. 그럴 때 신앙의 문제는 신앙의 신비가 되고, 하나님의 문제는 하나님의 신비가 될 수 있다.

사역자가 무신론과 불신을 정통 신앙과 교리의 대립 개념으로만 생각한다면 학생들의 모든 질문은 위협으로 느껴질 것이요, 학생들의 모든 회의는 방어로 맞서야 할 공격으로 느껴질 것이다. 그러나 성장이란, 신앙과 불신, 회의와 믿음, 희망과 절망이 공존하는 곳에서만 이루어질 수 있다. 사역자 자신의 신앙이 그 좋은 증거이다. 학생들이 이것을 깨우치는 데는 오랜 시간이 걸린다. 그러나 두려움 없는 분위기를 제공해 주는 사람이 없다면 그런 깨우침은 절대 가능하지 않을 것이다.

말

믿음이란 들음에서 나며 우리는 하나님의 말씀만 전하면 된다. 사도 바울부터 시작해서 이미 많은 사람들이 했던 말이다. 그러나 무조건 모든 말씀이 모든 사람을 위한 것은 아니다. 우유가 필요한 사람도 있고 딱딱한 음식이 필요한 사람도 있다. 사도 바울처럼 지혜롭게 그 사실을 깨달은 사람은 많지 않다. 목회 분야의 가장 커다란 약점 중 하나는 진단이다. 무조건 모든 약을 모든 환자에게 다 내줄 의사가 어디 있겠는가? 무조건 모든 심리 테스트를 모든 내담자에게 다

실시할 심리학자가 어디 있겠는가? 무조건 모든 충고를 모든 내담자에게 다 들려 줄 상담자가 어디 있겠는가? 그들은 모든 것이 반드시 모든 사람에게 다 좋은 것은 아니라는 전제를 가지고 진단 훈련을 받는다. 상대방의 독특한 필요에 대한 임상적 이해를 근거로 해야 도움을 베풀 수 있다.

그러나 안타깝게도 사역자들은 좋은 말이면 무조건 누구에게나 유익하다는 가정에 근거하여 목회 활동을 하는 경우가 많다. 사역자는 풋내기 세일즈맨처럼 행동할 때가 많다. 부딪치는 모든 사람에게 교회 전체를 한꺼번에 통째로 팔려고 한다.

엉터리 목회는 다분히 목회적 만남과 대화에 대한 임상적 접근 능력 결핍과 상관이 있다. 모든 사람이 격려가 필요한 것은 아니며 모든 사람이 교정을 청하는 것도 아니다. 모든 사람이 기도할 준비가 되지는 않았고 모든 사람이 하나님이라는 단어를 들을 준비가 된 것도 아니다. 침묵을 청하는 사람도 있고 단지 말 한마디를 원하는 사람도 있다. 가르쳐 줘야 할 사람도 있고 이해만 해주면 되는 사람도 있다. 미소를 원하는 사람도 있고 손을 잡아 주기 원하는 사람도 있다. 도움이 필요한 사람도 있고 혼자 있어야 할 사람도 있다.

오늘날 캠퍼스의 반종교 성향은 다분히 사역자들(그들의 소명은 학생들의 가장 개인적인 필요를 돌봐 주는 것이다)의 민감치 못한 태도와 상관 있다. 자신의 개성과 독특한 필요를 가장 잘 아는 집단은 아무래도 학생이다. 그들은 '자신의' 세상에서 '자신의' 자리를 찾고자 공부하는 이들이 아니던가. 많은 학생이 사역자보다 심리학자를 더 즐겨 찾는 이유는, 양쪽이 들려주는 말의 내용이 다르다는 점보다는 사역자가 대개 전체적으로 뭉뚱그려 생각하는 반면 심리학자는 임상적으로 진단할 줄 안다는 사실과 더 관련이 있다. 그러므로 캠퍼스 사역자는 말을 들려주되 학생들 개개인의 독특한 필요에 대한 정직한 반응으로 그리할 수 있어야 한다.

집

셋째로 사역자가 주어야 할 것은 어느 정도의 친밀함을 맛볼 수 있는 집이다. 가장 어려울 일일 것이다.

현대의 대학은 짐이 무거운 경쟁 사회이며 내면의 자유와는 거리가 멀다. 그래서 깊은 외로움에 시달리는 학생이 많다. 자의식이 매우 강한 이들은 늘 망루에 올라 모든 주변 정세를 면밀히 관찰하며 교수들과 동료 학생들에게 과민 반응을 보인다. 좋은 성적, 좋은 추천서, 좋은 대학원, 좋은 직장을 얻기 위해 모든 신호에 안테나를 곤두세우고 있다. 많은 학생에게 학교는 생사의 문제가 되고 말았다. 책이 아닌 다음에야 권총밖에 들고 다닐 것이 없음을 알기 때문이다. 자기 경멸에 빠져 건강하게 혼자 있는 법을 모르는 학생도 많다.

이렇게 스트레스가 팽배한 상황에서 친밀함은 많은 학생에게 거의 불가능한 일이 되었다. 대학 시절은 인생의 구도기인 만큼 따뜻함과 자상함, 경쟁심 없는 편안함에 대한 욕구가 강하다. 그러나 많은 학생에게 룸메이트는 친구이기보다는 이방인이고, 급우는 동료이기보다는 적이며, 교수는 길잡이라기보다는 권위이다. 친밀함에 대한 이런 열망이야말로 캠퍼스 사역자의 가장 핵심 관심사 중 하나다. 사역자는 이 집요한 필요를 어떻게든 다소나마 채워 줘야 한다. 어떻게 채워 줄 것인가?

답은 분명하지만 결코 쉽지 않다. 학생들에게 어느 정도의 소속감을 경험할 수 있는 공동체를 만들어 주는 것이다. 구도의 세월을 공동체에 속해 친밀함 속에서 보내지 못한다면, 구도의 결과는 온화하고 성숙하고 개방적이고 수용적인 마음보다는 오히려 냉혹하고 편협하고 차갑고 계산적인 마음이 될 수 있다.

이런 공동체를 이루기 위해 우리는 토의 그룹, 주말 모임, 수련회, 다양한 행사, 특히 성찬식 등 여러 방법을 시도해 왔고 지금도 시도하고 있다.

어떤 방법이든 친밀감과 거리감 사이에 건강한 균형을 이루는 일이 가장 중요하다. 캠퍼스 사역자는 이 절묘한 균형의 주도자가 될 수 있다. 이것은 아주 어려운 일이다. 다른 사람에게 숨막힐 정도로 달라붙어야 할 만큼 학생들의 친밀함의 욕구가 아주 강하기 때문이다. 다양한 형태의 진한 상호 고백, 감정 교류, 반복되는 신체 접촉은 소외된 학생들이 많은 캠퍼스에 하나의 좋은 신호로 보일지 모르나, 실은 공동체 대신 파벌, 자유 대신 애착, 사랑 대신 두려움을 초래할 수 있다. 하나 되고 싶은 욕망 때문에 학생들은 자유로운 의사 소통 대신 서로 매달릴 수 있다. 대학에서 오순절 운동과 소그룹 역동과 파격적 예배 의식에 대한 관심이 고조되는 모습을 보며 캠퍼스 사역자가 품어야 할 의문은 비단 "이런 새로운 모임이 학생들의 절박한 현재 필요를 얼마나 채워 줄까?" 하는 것만이 아니다. 사역자는 이런 질문도 동시에 던져야 한다. "이런 모임이 학생들이 찾고 있는 자유와 성숙을 얼마나 장기적으로 계속해서 공급해 줄 수 있을까?"

캠퍼스에는 예배 의식에 대한 새로운 실험이 많거니와 어느 경우든 친밀감과 거리감의 균형은 그리스도인의 성숙에 필수 요소이다. 참여하라는 압력 없이도 온전히 참여할 수 있는 의식, 지나친 자기 표현의 부담 없이 자유로이 대화하고 표현할 수 있는 의식, 남의 눈치를 보지 않고도 깊이 들어가거나 거리를 유지할 수 있는 자유가 있는 의식, 신체 접촉이 진실하되 상징적 경계선을 침범하지 않는 의식, 이것이 좋은 예배 의식이다.

나는 좋은 예배 의식이 딱 한 가지로 정해졌다고 생각하지 않는다. 사역자의 성품, 학생들의 특성, 학교 분위기에 따라 형태가 얼마든지 달라질 수 있다. 그러나 특정 형태나 규범이나 언어나 몸짓보다 훨씬 중요한 것은 친밀감과 거리감 사이의 세심한 균형이다. 그 균형이 있을 때 기독교 공동체는 친밀하면서도 개방적이고, 가까우면서도 예의 바르며, 기존 핵심 멤버뿐 아니라 이따금씩 찾아오는 외부인도 받아들일 수 있고 양육과 훈계까지 겸비할 수 있다.

친밀함의 문제는 청년들의 정서적 삶에서 핵심 문제라 할 수 있다. 동성 관계는 물론 이성 관계도 괴로운 불안에 휩싸일 수 있다. 가까움이란 바람직한 것이면서도 두려운 것이다. 절박한 균형을 찾아줄 세심한 길잡이가 필요하다. 그래야 헌신과 개방이 동시에 공존하는 삶이 가능하다.

캠퍼스 사역자를 유능하고 효율적인 일꾼이 되게 해줄 구체적 기술을 요약하면 이렇다. 캠퍼스 사역자는 학생들이 근본적 질문을 두려움 없이 제기할 수 있는 분위기를 마련해 주어야 하고, 적절한 말을 들려주되 학생 개개인의 필요에 대한 정직한 응답으로 그리해야 하며, 학생들에게 친밀감과 거리감의 균형 속에서 친밀함을 맛볼 수 있는 집, 즉 공동체를 제공해야 한다.

캠퍼스 사역자의 영성

그러나 지금까지 말한 모든 내용을 단지 효율적 사역의 기술로만 본다면 사소하고 피상적인 수준을 벗어날 수 없다. 사역이란 고통스러울 정도로 처음부터 끝까지 사역자 자신의 인격과 존재가 개입되는 일이다. 이는 사역자라면 누구나 이미 알고 있는 사실이다. 우리의 참 목표가 '온전한 사람', '장성한 그리스도인'을 만드는 것이라면 우리는 이 질문을 피할 수 없다. "캠퍼스는 본질상 사역자의 헌신에 계속 도전을 가하며 끊임없이 변화하는데, 사역자 자신은 그런 사회에서 어떻게 온전하고 통합된 한 인간으로 자신을 지킬 것인가?"

캠퍼스 공동체는 여러 면에서 사역자에게 가장 힘들고 피곤한 사역지이다. 사역 대상은 4년 단위로 완전히 바뀐다. 그때마다 사역자는 다시금 새로 밀려드는 학생들―많은 질문과 비판으로 삶의 의미를 찾으려 하는―을 상대해야 한다. 학생들을 만나 보면 뒤섞인 감정으로 혼란스런 경우가 많다. 사역자는 그들의 회의와 공격과 깊은 고독에 쉬지 않고 반응해야 하며, 삶의 의미와 자아를 발견하려는 처절한 씨름에 길잡이가 되어 주어야 한다. 그렇게 하려면 늘 정직하고 진실하고 개방적인 태도가 필요하며, 학생들이 원할 때마다 시간도 내주어야 한다. 그렇게 오랜 노력 끝에 드디어 학생들의 신뢰를 얻어 공동체를 이루어 놓으면 다시 졸업으로 모든 것이 끝나고 만다. 학생들은 쉬지 않고 떠난다. 그러나 사역자는 남는다. 크리스마스 카드 몇 장 빼고는 소식도 별로 없고 감사하다는 표현도 듣기 어렵다.

사역자는 학생들이 떠나야 한다는 것도 알고, 그들이 학교나 사역자 자신에게 너무 집착해서는 안된다는 것도 안다. 교육의 목표가 독립일진대 때로 고맙다는 인사를 받는 일마저 포기해야 한다는 것도 안다. 그러나 사역자는 그토록 몸바쳐 사랑했던 이들이 멀리 떠나갈 때 그것이 자신에게 큰 아픔이 된다는 것도 안다. 사역자는 이런 일을 얼마나 견딜 수 있을까?

각별한 관심과 인내로 학생들과 인격적 관계를 맺지만, 그들은 대학 생활을 인생살이를 준비하는 필수 단계 정도로 생각하며 곧 캠퍼스를 떠난다. 대학은 학생에게는 일시적 과정이지만 사역자에게는 삶의 방식이다.

끝으로, 사역자는 질문을 얼마나 수용할 수 있을까? "왜 사역자가 되었습니까? 왜 하나님을 믿습니까? 왜 기도합니까?" 학생들에게 이런 질문을 얼마든지 허용할 수 있는가? 사역자는 항상 융통성 있게 자신을 조정할 수 있는가? 새로운 개념을 소화하고 새로운 비판을 검토하며 자신의 근본 신념을 다시 따져 볼 수 있는가? 실은 학생들이 던지는 질문이란 정확히 그런 의미다. 삶의 의미에 대한 모든 질문은 동시에 사역자의 의미에 대한 질문이기도 한 까닭이다. "나는 왜 사는가?" 하는 물음은 "왜 사역자가 되었습니까?" 하는 물음이기도 하다. 학생뿐 아니라 사역자에게도 자신의 실존이 문제가 되고 있음은 분명하다. 어쩌면 사역자가 더할지도 모른다.

문제에 빠진 사람들을 가까이 접하는 정신과 의사는 자신의 정서적 삶을 아주 조심스레 살펴야 한다. 정신과 의사가 그럴진대 날마다 궁극적 생사의 문제를 접하는 사역자는 더욱 그래야 한다. 엑스선이 치료에 도움을 줄 수도 있지만 오히려 몸에 해로울 수도 있는 것처럼, 이런 질문을 접하는 데는 유익도 있지만 위험도 뒤따른다. 종종 캠퍼스 사역자들 자신이, 어떤 사람보다도 심각한 목회 상담이 필요할 정도로 심한 스트레스 때문에 고생하는 것은 어쩌면 당연한 일이다. 물론 각 사역자마다 성품이 달라 개인 상담이 필요하겠지만, 일반화가 가능한 주요 문제를 몇 가지 꼽아 볼 수 있다. 그것을 침묵, 우정, 통찰 이렇게 셋으로 나누어 생각해 보려 한다.

침묵

대학은 지식 추구의 장일 뿐 아니라 지식 지상주의의 장이기도 하며, 합리적 행동의 장일 뿐 아니라 정교한 합리화의 장이기도 하다. 또 언어 사용이 가장 많은 곳일 뿐 아니라 가장 '말이 많은' 곳이기도 하다.

이러한 현상은 종교에도 예외가 아니다. 캠퍼스 사역자는 믿기 어려울 만큼 말과 논쟁과 개념과 사상과 추론의 홍수에 노출되어 있다. 사역자는 의미 있는 말과 의미 없는 말, 거룩한 말과 쓸데없는 말을 어떻게 구별할 것인가? 이것은 학생뿐 아니라 사역자에게도 엄청난 문제이다. 인간 의식(意識)의 산물을 숭배하며, 확실한 지식을 통해 하나님을 잡으려는 유혹에 빠질 수 있기 때문이다. 그럴 때 사역자는 인간의 언어 능력 밖에 계신 하나님의 능력을 거부한 채 자신의 말의 올가미에 걸려들 수 있다.

이해하고 이해받으려는 욕심에 사로잡혀, 자신의 지성을 초월하는 실체가 있음을 알면서도 그 실체와 교제하는 것을 잃고 마는 것은 캠퍼스 사역자에게 종종 일어나는 비극이다.

이런 맥락에서 캠퍼스 사역자는 침묵이 필요하다. 침묵은 심신의 쉼을 뜻한다. 우리의 마음보다 큰마음을 지니신 하나님 앞에 머무르는 쉼이다. 자신의 생각과 사고에 대한 통제력을 내놓는 것과 같고, 내가 창의적인 일을 하는 것이 아니라 나에게 창의적인 일이 일어나도록 잠잠히 있는 것이기에, 아주 두려운 일이기도 하다. 우리는 스스로 자신의 주인이 되어 자신의 정체에 대해 씨름하고 자기 존재의 궁극적 의미를 파헤치려다 지쳐 쓰러질 때가 많다. 얼마나 기막힌 일인가.

침묵이란, 타인과 대화하는 것만 아니라 자신의 내면과 나누는 대화마저 멈추는 시간이다. 자유로이 숨을 들이쉬며 자신의 정체를 하나의 선물로 받아들이는 시간이다.

"그런즉 이제는 내가 산 것이 아니요 오직 내 안에 그리스도께서 사신 것이라"(갈 2:20).

바로 이 침묵 속에서 하나님의 영은 우리 안에서 기도하시며 우리 안에서 창의적 사역을 계속하실 수 있다. 우리 안에 계신 하나님과 학생들 안에 계신 하나님이 서로 만나지 않는 한 우리는 학생들 속에서 결코 하나님을 발견할 수 없다.

침묵이 없을 때 성령은 우리 안에서 소멸되며, 우리는 삶의 창의적 에너지를 다 잃은 채 차갑고 지친 모습으로 혼자 남게 될 것이다. 침묵이 없을 때 우리는 중심을 잃은 채 끊임없이 우리의 관심을 요구하는 사람들의 피해자가 될 것이다.

우정

캠퍼스 사역자에게 둘째로 시급한 필요는 우정이다. 이것은 아주 어려운 영역이다. 가장 민감한 부분이기 때문이다.

그러나 분명히 말해 둘 점이 있다. 캠퍼스 사역자가 학생들을 우정의 대상으로 의존하는 것은 매우 위험하다는 것이다. 학생들이 몇 년 후 떠나기 때문만은 아니다. 그보다는, 학생들과 친구가 되면 그들의 사역자 역할을 하는 데 치명적 피해를 입기 때문이다. 학생 모임이 사역자의 개인적 만족과 보상의 주요 출처가 된다면 그 사역자는 학생들의 동정과 인기의 심한 기복에 피해자가 되기 쉬우며 곧 자유를 잃게 된다. 자신의 정서적 필요를 학생들로 채워야 하는 사역자는 학생들에 대한 애착 때문에 거리를 유지할 수 없고, 따라서 자신의 모습으로 남을 수 없다.

이런 사역자는 학생들과 친해지고 싶은 욕구가 강하며, 그들의 생활을 시시콜콜 알고 싶어하고, 그들의 파티에 초대받으려 하고, 그들의 일상사에 깊이 관여하려 한다. 이것을 감지하는 순간부터 학생들은 사역자와 창의적 방식으로 관계를 맺을 수 없게 된다.

캠퍼스 사역자에게는 프라이버시가 필요하다. 학생들 없이 온전히 자신으로 남을 수 있는 집이 필요하다. 하루종일 환자만 보는 의사는 건강을 지킬 수 없다. 정신과 의사의 사생활과 내담자의 사생활이 뒤섞인다면 그 의사는 '온전한' 상태로 남을 수 없다. 마찬가지로 캠퍼스 사역자도 항상 학생들과 함께 지낸다면 장기적으로 제 기능을 발휘할 수 없다. 학생들의 문제가 급해 즉각적 대응이 필요할 때도 있다. 그러나 사역자가 우선 물어야 할 질문이 있다.

"내가 학생들을 위해 있는가, 학생들이 나를 위해 있는가?"

캠퍼스 사역자에게는 집이 필요하다. 친구들과 함께 살며 친밀함을 맛볼 수 있는 공간이 필요하다. 그럴 때에만 사역자는 요동하는 대학 생활의 물결 속에 빠져 허우적거리지 않을 수 있다.

통찰

침묵, 우정과 더불어 통찰이야말로 캠퍼스 사역자가 갖추어야 할 영성의 주요 요소 중 하나이다. 여기서 통찰이란, 사역자라는 직분이 갖는 의미에 대한 본인의 건전한 시각을 뜻한다.

오늘날 사역자의 많은 문제가 왜곡된 감정에서 비롯되고 있지만, 그렇다고 현대 사회에서 사역자의 직무에 대한 명확한 이해의 중요성을 간과해서는 안된다. 많은 사역자의 경우, 사역의 자유를 제약하는 것은 우정과 동정에 대한 욕구가 아니라 자신의 실존에 대한 신학적 견해이다. 나는 현대 사역자들이 가진 죄책감 중 많은 부분이 하나님, 계시, 예수 그리스도, 교회 등에 대한 그들의 신학적 견해와 관련이 있다고 본다.

캠퍼스 복음화를 자신의 책임으로 생각하고, 학생들의 천국 입성이 교회 등록과 상관이 있다고 생각하며, 최대한 양적 부흥을 이루는 것을 자신의 본업으로 생각하는 캠퍼스 사역자가 있다면 그에게는 필시 캠퍼스가 형벌의 장소로 느껴질 것이다. 감정도 생각에 영향을 미치지만 거꾸로 생각도 아주 깊고 강한 감정을 유발할 수 있다. 가시적 숫자를 사역의 성공으로 간주하는 사역자는 회심과 헌신이 점점 뜸해지는 현실에 적잖은 불안과 자책마저 느낄 것이다. 사역자가 예수 그리스도를 구주로 영접하는 학생 수를 자신이 헌신한 사역의 열매의 기준으로 삼는다면, 현대 대학은 깊은 죄책감과 비참한 심정의 온상밖에 되지 않을 것이다. 캠퍼스 사역자의 만족이 회심자 수에 달려 있다면 그는 숨막히는 사역을 벗어나기 힘들 것이다.

오늘날 많은 사역자가 깊은 고민에 빠져 있다. 사람들의 교회관이 급속히 변하는 모습 앞에서 그들은 걱정하고 심지어 겁을 먹기도 한다. 시대가 악하고 학생들이 타락하고 기독교의 불씨가 꺼져 간다고 소리칠 때도 있다. 문제는 이것이다. "이것이 목자의 심정에서 나온 염려인가 아니면 믿음이 적다는 징표인가?" 우리는 자신의 편협한 신학적 견해에 사로잡히기 쉽다. 그것이 우리를 자유가 아닌 불안, 신앙이 아닌 불신, 믿음이 아닌 의혹으로 몰아갈 수 있다.

사역자는 소위 비종교적인 학생에게도—그 학생이 장차 신앙을 가져야 한다는 은근한 조건이나 기대 없이도—온전히 자신을 내어 줄 수 있는가? 대학이라는 곳은 사람들이 지극히 작은 압력에도 매우 민감해지는, 심지어 과민해지는 곳이다. 가장 부자유한 자유는 생각의 자유이다. 우리는 욕망의 사슬[4]에서 우리를 해방시키신 하나님의 말씀을 온전히 믿는 자들이지만, 그럼에도 하나님의 말씀에 완전한 자유를 허용하기란 매우 힘든 일이다. 우리는 성령의 자유로운 역사가 편하게 느껴지지 않아 소위 현실적 제한과 통제를 원할 때가 많다. 그러나 진리는 우리를 자유케 하는 것이다. 사역자가 말씀 공부를 통해 통찰이 깊어지고 그 말씀의 증인으로서 자신의 사명을 바로 이해할 때, 자신의 편협한 견해로 말미암는 피해자가 되지 않을 수 있다.

침묵과 우정과 통찰은 캠퍼스 사역자가 갖추어야 할 영성의 3대 요소이다. '온전하고' 통합된 사람이 되어 줄곧 그 모습을 지킬 수 있으려면 이 세 가지가 아주 중요하다. 학생들에게 분위기와 말과 집을 제공하여 유능하고 효율적인 사역자가 되려는 이들이 곧 깨닫는 사실이 있다. 침묵과 우정과 통찰 없이는 사역의 결실이 아주 단기적이고 일시적일 수밖에 없다는 것이다.

캠퍼스 사역을 위한 훈련

지금까지 '어떻게 유능해질 것인가?'와 '어떻게 온전해질 것인가?' 하는 두 질문이 서로 밀접한 관계가 있음을 살펴보았다. 이 두 질문은 이상적인, 간혹 완벽한 캠퍼스 사역자상을 보여 줄 뿐 아니라 주된 훈련 분야도 간접적으로 시사해 주고 있다. 캠퍼스 사역자 훈련은 어떻게 이루어져야 할까?

시간과 장소 면에서 여러 가지로 훈련 상황을 그려 볼 수 있다. 일 년 동안 매주 한 번씩 모이는 프로그램도 있을 수 있고, 강도 높은 워크숍 시리즈도 있을 수 있고, 여름 몇 달 간 내내 훈련하는 과정도 가능하다. 일 년 간 사역자 인턴 과정을 거치는 것도 매우 이상적이다.

이런 프로그램의 운용 장소는 캠퍼스 안이 좋다. 그것이 가능하지 않다면 일반 병원이나 정신 병원, 교육 센터, 교도소, 실업 학교 등 다른 훈련 현장도 생각해 볼 수 있다. 그러나 어느 경우든지 사역 경험에 대한 개인 지도가 이루어져야 한다는 점이 핵심이 되어야 한다. 충분한 교육을 받은 유능한 사역자가 예비 사역자의 사역 경험을 세심하게 통제하며 지도해야 한다.

예비 사역자들은 마치 학교에서 스페인어를 배운 사람과 같다. 스페인어를 읽고 쓸 줄은 알지만 멕시코에 가면 말을 더듬을 수밖에 없다. 그들에게 필요한 것은 단지 경험만이 아니라, 실수를 꾸준히 바로잡아 주고 장단점을 지적해 주며 해당 문화에 맞는 새로운 표현 방법을 알려 줄 사람인 것이다. 개인 지도가 없는 경험은 잘못된 행동 양식을 고착시킬 수 있다. 그렇게 굳어진 것은 좀처럼 다시 떨치기 어려우며 오히려 우리의 시야를 좁힐 수 있다. 인간이란 처음 효과를 본 행동에 집착하는 경향이 있기 때문이다. 이제 스페인어를 배운 외국인은 자만심에 빠져 이렇게 말한다. "이 나라 사람들이 내 말을 알아듣기만 한다면 내가 무슨 실수를 하든 무슨 상관인가?" 하지만 바로 그것 때문에 그의 스페인어는 영영 외국인 수준을 벗어나지 못할 수 있다. 사역자도 이같은 어리석음을 범할 수 있다.

물론 목회 사역은 언어 이상의 것이다. 사역자에게는 인생의 가장 민감한 영역을 만질 수 있는 능력이 필요하다. 다른 사람들의 지극히 개인적인 필요뿐 아니라 자기 자신의 여러 복잡한 반응도 이해해야 하는 것이 바로 사역자다. 책 몇 권 읽고 수술을 시작하는 의사는 없다. 사역자도 교실에서 배운 거창한 개념과 훌륭한 책만 가지고 동료 인간의 부드럽고 연약한 내면생활을 함부로 만져서는 안된다. 예를 하나 들어 보자.

네덜란드의 한 예비 사역자가 어느 중년 부부 집에 심방을 갔다. 그는 그들에게, 심각한 산아 제한은 더 이상 아무 문제가 아니고, 교회를 그만둔 아들 때문에 걱정할 필요가 전혀 없으며, 금욕적인 독신 봉사는 10년 내로 사라질 것이고, 대부분의 신앙은 한낱 미술에 지나지 않는다고 역설했다. 설명을 들은 안주인은 잠시 생각하다 심각하게 말했다. "아무것도 달라지지 않았군요." "무슨 뜻이죠?" 사역자가 묻자 안주인은 생각에 잠겨 말했다. "20년 전에 사역자들은 우리에게 이러이러한 내용을 믿고 행해야 한다고 말했지요. 그런데 지금은 바로 그 내용을 믿지 말고 행하지 말라고 말하고 있어요. 예나 지금이나 편협하기는 마찬가지예요. 그때의 문제가 지금도 그대로 있는 겁니다."

이 예비 사역자가 교인들의 실제적인 필요에 민감해지고 자신의 편견을 더 깊이 이해하려면, 이에 도움을 줄 만한 사역 경험에 대한 개인 지도가 있어야 한다. 이제 더 자세히 살펴보자. 우선 개인 지도 과정의 본질을 알아본 뒤 이어서 개인 지도의 대상이 될 수 있는 사역 경험이 어떤 것인지 생각해 보려 한다.

개인 지도 과정의 본질

개인 지도란 아주 미묘한 기술임에 분명하다. 인간 관계의 역동에 대한 특별한 이해와 민감성만 필요한 것이 아니라 전문적 개인 지도라는 난제에도 충분한 준비가 필요하다. 안타깝게도 기독교 사역자를 양성하는 곳에는 예비 사역자에게 개인 지도를 베푸는 사람들이 극히 드물다. 개인 지도의 세 가지 특징을 통해 그 중요성을 살펴보기로 하자.

반투사적 제도

무엇보다도 개인 지도는 반투사적(反投射的) 제도다. 투사의 성향을 벗어야 한다는 끊임없는 지적이야말로 개인 지도의 가장 두드러진 특징이다. 지도를 받는 예비 사역자는 관심의 초점을 자신에게 두어야 한다. 물론 자신의 문제를 전임 사역자, 경직된 제도, 냉정한 동역자, 학생들의 외면 탓으로 대충 떠넘기려 할 수 있지만, 그때 지도자는 그에게 이렇게 묻는다.

"하지만 당신은 어떤가?"

투사의 구실은 얼마든지 많이 있다. 그러나 인간에게는 타인이나 상황을 끌어다 대고 자신은 그 뒤로 숨어 버리는 성향이 있다. 자신의 이런 성향을 인식하고 있는 경우는 많지 않다. 예비 사역자를 문제의 핵심, 즉 자기 자신에게 돌아가게 해주는 것이 바로 개인 지도를 맡은 사람이 할 일이다.

대안 학교

둘째, 개인 지도란 대안 학교다. 사역자마다 장점과 은사가 있다. 장점과 은사는 최대한 잘 개발하여 활용하게 마련이다. 설교하는 것이 편한 사람이 있고, 교실이 편한 사람이 있고, 청소년 부서가 편한 사람이 있고, 개인 상담을 하는 것이 편한 사람이 있다. 문제는 장점이 자신의 시야를 좁히는, 즉 자기 마음이 가장 끌리는 분야로만 이끌어서는 안된다는 것이다.

전문 훈련이란 우리의 사역 방식을 넓혀 주고 가능한 대안을 찾아 주는 훈련이다. 다른 상황에서 다르게 행동할 수 있는 재량을 길러 주는 것이다. 그러려면 자신의 취향만 좇아서는 안되고 특정 상황에 대한 이해가 기반이 되어야 한다. 개인 지도를 통해 우리는 자기 행동의 약점을 파악할 수 있다. 개인 지도 사역자는 이렇게 말한다. "훌륭한 사역자가 되는 데는 많은 길이 있다. 당신에게 가장 쉽고 편한 길이 이쪽이라는 것을 나도 안다. 이제 잠시 그 길을 제쳐 두고 가능한 다른 길들을 생각해 보자."

자신의 장점에 과도히 매달리는 사람은 그 밖의 잠재력이 마비되거나 최소한 발육 부진에 이를 위험이 있다. 특정 행동 방식만 너무 편하게 느껴진다면, 위험하게도 배움의 과정이 거기서 멈출 수 있다.

한 번의 개인 지도로 영영 만족을 얻는 경우는 없다. 개인 지도란 끊임없이 새로운 가능성을 열어 나가는 지속적 과정이다. 새로운 가능성에 눈뜨는 과정에는 큰 고통이 따르게 마련이다. 모든 일에는 얼마든지 다른 방법이 있으며 따라서 다른 가능성을 고려하지 않는 것은 미숙한 일이라는 사실을 알게 되기 때문이다.

그러므로 개인 지도의 유일한 불변의 사실은 '불변하는 답이 없다'는 것이다. 그것은 우리로 기존의 안전지대를 끊임없이 벗어나게 만든다. 큰 좌절이 뒤따르는 과정이다. 개인 지도를 받는 사람은 일종의 크림 같은 존재이다. 개인 지도 사역자는 크림을 휘젓는 방향에는 별 관심이 없다. 그의 관심은 오직 휘저은 결과로 생길 버터에 있다.

대안 학교로서, 개인 지도는 건강한 거리감을 창출할 수 있다. 그것은 "잠깐 멈추어 자신을 객관적으로 바라보며 생각해 보라"는 말과 같다. 조급히 행동하려는 성향과 순간의 충동이 너무 강하면 거기에 눈멀어 대안이 보이지 않을 수도 있다. 그러나 훌륭한 개인 지도를 받고 나면 최소한 이것만은 알게 된다. 비록 내가 지금 한 길을 택하지만 내가 택하지 않은 길도 많이 있다는 사실이다. 분리되지 않고도 거리를 유지할 수 있고 눈이 멀지 않고도 개입할 수 있다는 사실을 알게 된다.

근본 질문을 던질 기회

끝으로, 개인 지도는 근본 질문을 던질 수 있는 기회가 된다. 개인 지도는 지도자가 예비 사역자에게 어려운 상황에 대처하는 법을 알려 주는 문제 해결 훈련이 아니다. 개인 지도란 근본 질문을 던질 수 있는 자유와 기회를 제공하는 것이다.

흔히 사역자들은 자기 행동의 근거가 되는 기본 가정을 따져 보지 않은 채 주변적이고 부수적인 문제에 많은 시간과 에너지를 쏟아 붓곤 한다. 주변적인 문제를 이용해 정작 중요한 문제를 얼마든지 감출 수 있다. "이 학생에게 뭐라고 말해야 할까?" 하는 질문으로 "나는 왜 이 학생에게 뭔가를 말해 주려 하는 것일까?" 하는 근본 질문을 감출 수 있다. "어떻게 하면 최대한 많은 학생에게 다가갈 수 있을까?" 하는 질문으로 "나는 왜 많은 학생에게 다가가야 하는 것일까?" 하는 근본 질문을 가릴 수 있다. "어떻게 하면 예배를 재미있게 만들 수 있을까?" 하는 질문으로 "예배를 재미있게 한다는 것은 무슨 의미인가?" 하는 근본 질문을 덮을 수 있다. "어떻게 하면 그리스도의 좋은 증인이 될 수 있을까?" 하는 질문으로 "그리스도는 내게 정말 의미 있는 분인가?" 하는 근본 질문을 외면할 수 있다. 끝으로, "어떻게 하면 훌륭한 사역자가 될 수 있을까?" 하는 질문으로 "나는 진정 사역자가 되기를 원하는가?" 하는 근본 질문을 회피할 수 있다.

우리는 개인 지도를 통해 마침내 문제의 핵심을 건드릴 용기를 얻어 이런 근본 질문을 던질 수 있게 된다. 여기서 다시 우리는 처음 시작했던 지점으로 돌아온다. 근본 질문을 던지는 것은 성숙한 그리스도인의 특권이라는 사실이다.

이렇듯 개인 지도란 반투사적 제도요, 약점을 보완하는 학교이며, 근본 질문을 던질 수 있는 기회이다.

사역 경험

그렇다면 개인 지도의 구체적 대상은 무엇인가? 이것이 우리의 마지막 문제다. 답은 간단하다. 개인 지도의 대상은 사역 경험이다. 하지만 구체적으로 개인 지도를 사역 경험에 어떻게 시행할 것인가? 통제를 통해, 창의적 제약으로 시행할 수 있다.

프란츠 알렉산더(Franz Alexander)는 정신 치료를 통제된 인생 경험이라고 설명했다. 사역자 훈련을 통제된 사역 경험이라 해도 틀린 말은 아니다. 여러 잡다한 일에 매달리는 것은 유익을 줄 수도 있지만 해가 될 수도 있다. 하지만 엄격한 지도하에 몇 가지 일에 집중하는 것은 값으로 따질 수 없을 만큼 귀한 일이다. 수백 명에게 하나님 얘기를 해주는 것도 좋은 일이겠지만, 하나의 대화를 한마디씩 분석해 보는 것도 소중한 학습 경험이다. 말하는 법만 배우는 것이 아니라 동료 인간 사이의 관계 속에서 자신을 이해하는 법도 배울 수 있다. 사역자 훈련에서 아주 중요한 것은, 사역자에게 하나의 전문인으로서 자신을 경험할 기회가(통제된 환경에서) 주어져야 한다는 것이다. 매일의 사역 행위의 모든 측면이 개인 지도의 주제가 된다. 그런 환경에서 자신의 직업적 자아 문제로 씨름하는 것은 독특한 학습 방식이 된다. 전통적 기독교 신학 교육과는 사실상 매우 거리가 먼 개념이다. 이 사역 경험이 그 밖의 많은 현장 경험과 다른 의미를 띠는 것은 무엇보다 통제된 환경 때문이다.

10여 년 전 네덜란드에 한 미니어처 도시가 제작되었다. 가장 높은 교회 종탑이 사람 허리에도 못 미쳤고 나라의 유명한 공공 건물들은 무릎 높이쯤 되었으며 큰 강을 단걸음에 건널 수 있었다. 인간의 삶의 터전을 한눈에 내려다볼 수 있는 곳이었다. 이 미니어처 도시는 곧 아주 유명한 관광 명소가 되었다. 본래 아이들을 위해 만든 시설이지만 어른들도 몰려들었다. 인기의 비결이 통제된 인생 경험에 있지 않을까 생각한다. 사람들은 졸지에 자신을 더 넓은 세상의 한 부분으로 볼 수 있었다. 넓은 세상의 틀과 경계선이 똑똑히 보였다. 사역 경험의 개인 지도에 흥분이 뒤따르는 것도 바로 이점 때문이다.

사역 경험의 개인 지도를 통해 자신이 서 있는 곳과 가는 방향을 똑똑히 볼 수 있는 것이다. 복잡한 대학 사회에서 생활하며 사역하는 사람으로 자신을 준비하려면, 우선 그 직무를 객관적으로 거리를 두고 보면서 학생들의 복잡한 생활 양상에 익숙해지는 것이 중요하다. 그런 준비가 되어 있어야 사역에 깊이 들어가서도 길을 잃지 않을 수 있다.

◈✖◈

이제 우리가 시작했던 것을 마칠 때이다. 앞에서 비유했듯이, 캠퍼스 사역을 준비하는 사역자는 전쟁터에 처음 나가는 군목과 같다. 불안을 예상해야 한다. 불안은 효율적 사역을 가로막고 인격의 통합을 어렵게 할 수 있다. 그러나 똑같은 불안이 건설적 훈련을 통해 파괴적 불안이 아닌 건설적 불안이 되고, 고민의 이유가 아닌 놀라운 창의력의 출처가 될 수도 있다.

자신의 일에 준비된 사역자는 두려움 없이 대학 사회에 들어갈 수 있다. 설사 캠퍼스가 커다란 소요에 휩싸여 있다 해도 다를 바 없다. 그는 자유롭다. 자신의 능력에 대한 현실적 자신감, 내면의 조화, 그리고 무엇보다도 자신의 사역의 가치에 대한 믿음이 있기에 그는 하나님을 위한 자유로운 증인이 될 수 있다. 하나님은 희망을 견고케 하시고 사랑을 완성하시며 기쁨을 온전케 하시는 분이다.

맺음말

　친밀함은 이 책의 여러 다른 주제를 하나로 묶어 준 중심 주제였다. 인간은 어린 시절의 마술적 연합에서 성인 그리스도인의 친밀한 연합으로 발달해 간다. 그런 맥락에서 우리는 남자와 여자, 인간과 인간, 인간과 하나님 사이에 있을 수 있는 친밀한 관계에 대해 이야기했다. 신앙 공동체 안에서 자신의 자리를 찾으려 하는 학생들의 문제도 살펴보았다. 그리고 끝으로 현대 사역자의 상황을 분석해 보았다. 인생의 의미를 찾는 이들을 바른길로 인도하되 자신의 집을 잃지 않으면서 하는 것, 그것이 사역자의 소명이다.
　이 책의 일차적 관심은 인간의 내면생활에 있다고 해도 과언이 아니다. 각종 사회 문제가 절박한 이 시대에, 내면생활은 그리 인기 있는 주제는 아닐 것이다. 영성 개발에 대한 관심은 자칫 종교를 가장한 자아 집착으로 비치기 쉽다.
　그러나 인간이 정녕 이웃을 제 몸처럼 사랑해야 한다면 마땅히 의혹을 떨칠 수 없는 문제가 있다. 현대인은 창의적 방식으로 자기 자신과 관계를 맺을 수 있는가? 자기 실존의 중심으로부터 인생을 살아갈 수 있는가?
　지난 세월 이상을 품고 현실을 아파하던 많은 젊은이들이 빈민가와 판자촌 등 여러 현장에 나감으로써 사회 참여에 뛰어들었다. 그리고는 뼈아픈 사실을 확인하고 돌아왔다. 난관을 견디며 활동을 지속할 용기와 의지를 결단코 자신의 일에 대한 결과에 의존해서는 안된다는 것이었다. 눈에 보이는 열매는 거의 없었고 감사의 말도 듣기 힘들었다. 오히려 의혹과 적의의 눈초리를 피할 수 없었다. 많은 사람들이 내면에서 일어나는 이런 의문과 부딪쳐야 했다. "아무도 나에게 이 일을 요구한 적이 없다. 나를 너무 순진하다고 보는 사람들도 많다. 더 나은 세상을 위한 나의 뜨거운 열망에 대해 사람들은 대부분 전혀 무관심하다. 그런데도 나는 왜 이 일을 해야 하는가?"

자아와 편안한 조화를 이루어 자신의 중심으로부터 인생을 살아갈 수 없는 사람이라면 이 물음에 결코 답할 수 없을 것이다. 많은 젊은이들이 요가에 심취하고 선(禪)을 배우며 신종 명상에 마음을 빼앗긴다. 의식적으로 혹은 무의식적으로, 그들은 새로운 영성과 그 길잡이를 찾고 있는 것이다.

이렇듯 영적인 삶에 대한 요구가 점점 커지고 있는데도 교회는 자체의 여러 구조적 문제에 사로잡혀 거기에 반응할 준비가 거의 되어 있지 않은 것 같다. 비참한 사실이지만, 많은 사람에게 교회는 하나님께 가는 길이 아니라 오히려 하나님께 가는 길을 막는 방해물이 되고 있다. 자연히 그들은 교회가 아닌 먼 곳에서 종교 체험을 찾으려 한다. 그러나 그 징후를 제대로 읽을 수 있다면, 지금 우리는 영성 생활의 새로운 영역의 문턱에 서 있다. 하지만 그 본질과 세부 의미를 아직 다 내다보기는 어렵다.

바라건대 우리가 교회의 사소한 집안 싸움에 정신이 팔려 진정 중요한 근본 문제를 간과하지 않으면 좋겠다. 바라건대 우리가, 하나님이 당신의 임재를 알리신 세미한 소리를 들을 수 있을 만큼 민감하면 좋겠다(왕상 19:12).

주

1장
1) Selma H. Fraiberg, *The Magic Years*(Charles Scribner's Sons: 1959).
2) H. C. Rümke, *The Psychology of Unbelief*(Sheed & Ward: 1962).
3) H. C. Rümke, 같은 책.
4) Gordon Allport, *The Individual and his Religion*(Macmillan: 1950).

2장
1) Cf., Ludwig Binswanger, *Grundformen und Erkenntnis Menschlichen Daseins* (Max Niehans Verlag Zürich: 1953), pp. 266-281.

3장
1) R. Bradley.
2) Anton Boisen, *Out of the Depth*(Harper & Brothers: 1960), p. 111.
3) William James, *The Varieties of Religious Experience*(증보판, University Books: 1963), p. 80(「종교 체험의 여러 모습들」, 대한기독교서회 역간).
4) 같은 책, p. 362.
5) 다음 기사와 책을 참조하라. Paul Pruyser, "Phenomenology and Dynamics of Hoping," *Journal for the Scientific Study of Religion* 3:86-96 (Fall 1963); *A Dynamic Psychology of Religion* (Harper & Row: 1968), pp. 166-170.

4장
1) Kilian McDonnell, O.S.B. "The Ecumenical Significance of the Pentecostal Movement" (*Worship*, December 1986).
2) 같은 책, p. 609.
3) 같은 책, pp. 622-623.

4) 같은 책, p. 615.
5) Joseph Hoffman, C.S.C., 미간행 기사.
6) Kilian McDonnell, O.S.B., 앞의 책, p. 623.
7) 같은 책, p. 621.

6장
1) Osmund Schreuder, "Het professioneel karakter van het geestelijk ambt" (Dekker en van de Vegt, Nijmegen 1964), p. 7.
2) Anton Boisen, The Exploration of the Inner World(Harper & Brothers: 1962), p. 185.

7장
1) Erwin R. Goodenough, The Psychology of Religious Experiences(Basic Books: 1965).
2) 같은 책, p. 182.
3) Gordon Allport, The Individual and His Religion(Macmillan), p. 72.
4) Sigmund Freud, The Future of an Illusion(Doubleday Anchor Books, New York), p. 97.